누구나 쉽게 입점하고 판매할 수 있는

라이브커머스 시작하기

최광종, 임찬재 지음

지은이 최광종

이랜드 전략기획본부 패션컨설팅 팀장을 시작으로 15년간 온오프라인 유통 현장에서 고군분투하며 성과를 거뒀습니다. 11번가, 카페24, 무신사의 전임강사, 서울청년창업사관학교 코치로 활동했습니다. 한성대학교, 한국능률협회(KmA) 등의 교육기관 및 SNS 채널을 통해 소상공인부터 스타트업, 대기업에 이르기까지 다양한 조직의 이커머스 진출과 성공을 돕고 있습니다. 경희대학교 경영학과, 연세대학교 경제대학원을 졸업했으며, 경희대학교대학원 첨단기술비즈니스학 박사과정 중에 있습니다. 《스마트스토어 상위노출 전략》(e비즈북스, 2019)을 집필했습니다.

홈페이지 choikwangjong.com
유튜브 youtube.com/@unclekwangjong

지은이 임찬재

2016년 모바일 홈쇼핑 '무궁화 꽃이 피었습니다' 티몬 라이브의 시작을 함께했고, CJ ENM의 MCN회사 DIA TV 소속 샵테이너로 활동, 쿠팡 라이브 쇼핑크리에이터, GS리테일의 최초 전속 쇼호스트로 활동 후 현재까지 다양한 플랫폼에서 라이브커머스를 진행하고 있습니다. 2021년 라이브커머스 제작 대행사인 랠리를 설립하고 여러 플랫폼에서 소상공인, 지자체 조직, 기업 내 브랜드의 라이브커머스 시작과 제작에 도움을 드리고 있습니다. 삼육대학교 경영학과를 졸업하고 서강대학교 언론대학원 방송전공 석사과정 중에 있습니다.

누구나 쉽게 입점하고 판매할 수 있는 **라이브커머스 시작하기**

초판 1쇄 발행 2023년 11월 24일

지은이 최광종, 임찬재 / **펴낸이** 전태호
펴낸곳 한빛미디어(주) / **주소** 서울시 서대문구 연희로2길 62 한빛미디어(주) IT출판1부
전화 02-325-5544 / **팩스** 02-336-7124
등록 1999년 6월 24일 제25100-2017-000058호 / **ISBN** 979-11-6921-174-1 13000

총괄 배윤미 / **책임편집** 장용희 / **기획 · 편집** 오희라
디자인 박정우 / **전산편집** 김보경
영업 김형진, 장경환, 조유미 / **마케팅** 박상용, 한종진, 이행은, 김선아, 고광일, 성화정, 김한솔 / **제작** 박성우, 김정우

이 책에 대한 의견이나 오탈자 및 잘못된 내용에 대한 수정 정보는 한빛미디어(주)의 홈페이지나 아래 이메일로 알려주십시오.
잘못된 책은 구입하신 서점에서 교환해 드립니다. 책값은 뒤표지에 표시되어 있습니다.
한빛미디어 홈페이지 www.hanbit.co.kr / 이메일 ask@hanbit.co.kr

지금 하지 않으면 할 수 없는 일이 있습니다.
책으로 펴내고 싶은 아이디어나 원고를 이메일(writer@hanbit.co.kr)로 보내주세요.
한빛미디어(주)는 여러분의 소중한 경험과 지식을 기다리고 있습니다.

누구나 쉽게 입점하고 판매할 수 있는 라이브커머스 시작하기

최광종, 임찬재 지음

HB 한빛미디어
Hanbit Media, Inc.

무엇부터 시작해야 할지 몰라 막막한
라이브커머스 초보자분들에게

그동안 라이브커머스는 많은 변화와 발전이 이루어졌고, 빠르게 성장하며 안정기에 접어들었습니다. 다양한 플랫폼과 기업, 지자체, 중소기업, 영농법인 등에서 많은 분들의 시도와 도전이 있었기에 가능한 일이었습니다. 필자가 라이브커머스 분야에서 활발히 활동할 수 있었던 이유 역시 많은 분들의 도움과 협력이 있었기 때문이었습니다. 그러한 경험을 토대로 라이브커머스를 이제 막 시작하려는 분들에게 도움을 드리기 위해 이 책을 집필했습니다.

이 책은 라이브커머스에 관심을 가지고는 있지만 무엇부터 시작해야 할지 몰라 막막한 분들에게 유용한 가이드를 제공합니다. 반짝 유행을 타는 책이 아니라, 누구나 쉽게 입점하고 판매할 수 있는 라이브커머스 입문서로 자리할 수 있도록 라이브커머스 시장의 흐름과 변화를 세세하게 담았습니다. 여러분이 라이브커머스 전문가로 성장하는 데 유용한 정보를 빠짐없이 소개합니다.

평범한 사람들의 기회의 땅
라이브커머스

"회사에서 라이브커머스 방송을 진행해야 하는데 무엇부터 어떻게 시작해야 할지 모르겠어요!", "동네에서나 장사했었지, 정말 스마트폰만 있으면 할 수 있나요?", "제가 자식처럼 키운 농산물이라 품질은 자신이 있는데 말주변이 워낙 없어서 걱정입니다."

라이브커머스를 처음 접한 분들에게 자주 듣는 이야기입니다. 그런데 정작 라이브커머스를 운영하고 성과를 내고 있는 분들은 우리 동네 옷가게 사장님, 거실 창업으로 밀키트를 파는 옆집 엄마, 옥수수 농사를 짓고 있는 괴산 이모처럼 주변에서 늘 만나던 분들이죠. 평소 자신의 말투나 표정, 진심이 소비자에게 더 잘 전달되는 재래시장처럼 실시간 라이브 방송을 통해 소비자와 소통하고 신뢰를 바탕으로 거래가 이루어지는 곳이 바로 라이브커머스입니다.

라이브커머스는 거래액 3조 원(2023년)을 돌파하면서 명실공히 주요 유통 방식의 하나로 자리잡아가고 있습니다. 라이브커머스 시장이 점점 더 넓어지고 있는 지금이야말로 평범한 사람들의 기회의 땅인 라이브커머스에 도전해야 할 때입니다.

무작정 따라 하는 매뉴얼부터
탄탄한 매출을 만드는 전략까지

이 책에서는 라이브커머스 시장의 전반적인 흐름과 성장 배경을 파악한 후, 여러분이 자신에게 적합한 플랫폼을 선택할 수 있도록 주요 라이브커머스 플랫폼들의 특징을 안내합니다. 한정된 방송 시간 내에 특별할인 가격을 통해 시청자를 끌어모으는 라이브커머스의 특성상 소비자의 빠른 반응을 유도하는 것이 핵심입니다.

이를 위해 빅팬(Big fan) 선순환 고리를 형성하는 방법, 외부 채널 트래픽을 확보하는 방법, 유무료 노출 전략 등 실무에서 활용 가능한 홍보 및 마케팅 방법을 알차게 담았습니다. 또한 방송 진행 과정에서 소비자와 소통하는 방법, 상품을 효과적으로 소개하는 팁을 체계적으로 가이드하여 판매 경험이 부족한 판매자도 쉽게 따라 할 수 있도록 만들었습니다.

후반부에서는 라이브커머스 대표 플랫폼인 '네이버 쇼핑라이브'의 상세한 운영 매뉴얼과 유무료 마케팅 노출 영역 활용 방법을 다룹니다. 이 책은 판매자가 스스로 방송을 진행할 수 있도록 도우며, 더 나아가 매출 목표를 달성하는 데 도움을 줄 것입니다.

체계를 잡아주는 멘토
문제를 스스로 해결하는 해결사

어떤 일을 처음 시작할 때, 많은 사람들이 어디서부터 시작해야 할지, 무엇을 먼저 해야 하는지 몰라 불안해합니다. 필자 역시 처음 창업을 했을 때 여느 창업자들과 같은 마음이었습니다. "창업한 선배들의 조언을 얻어보고 싶다.", "언제든지 궁금한 것들을 물어볼 수 있는 멘토가 가까이에 있으면 정말 좋겠다." 하는 생각을 자주 했습니다. 그래서 이 책에서는 라이브커머스를 시작하는 분들이 해결해야 할 과제가 무엇인지, 그리고 그 과제를 극복하기 위한 아이디어는 어디에 있는지 최대한 담기 위해 노력했습니다.

어떤 비즈니스든 경쟁과 이슈는 항상 발생하며, 때로는 변화무쌍할 수 있습니다. 그러한 과정 속에서 이 책이 라이브커머스에 이제 막 입문하려는 여러분들에게 라이브커머스 산업의 구조와 솔루션을 알려주는 멘토이자, 스스로 문제를 해결할 수 있는 능력을 키우도록 돕는 연습의 도구가 되길 바랍니다.

저자 최광종, 임찬재

LIVE CHAPTER 01

라이브커머스
시장의 기회

선점해야 할 새로운 시장, 라이브커머스

48만 명, 어떤 숫자일까요? 시청률이 중요한 평가 지표인 방송사 프로그램의 시청자 수가 아닙니다. 소위 인기 있는 유튜버의 누적 조회수도 아닙니다. 한 시간 동안 단일 상품을 판매한 라이브커머스 방송의 누적 시청자 수입니다. 48만 명이라는 높은 숫자는 상품을 소개하고 판매하는 온라인(인터넷) 커머스 방송의 시청자 수라는 데에서 의미가 남다릅니다. 시청자 수뿐만 아니라 거래액도 폭발적으로 성장하면서 라이브커머스는 업계에서 최대 화두가 됐습니다. 소상공인, 1인 사업자부터 대기업에 이르기까지 많은 이들이 라이브커머스에 관심을 두는 이유입니다.

그렇다면 라이브커머스란 어떤 판매 방식을 말하는 것일까요? 이를 이해하기 위해서는 먼저 '이커머스(E-commerce)'를 알 필요가 있습니다. 이커머스란 전자상거래(Electronic commerce)의 약자로 온라인 네트워크를 통해 상품과 서비스를 사고파는 것을 의미합니다. 11번가, 쿠팡 등에서 물건을 사거나 배달의민족에서 음식을 주문하는 것, 헤어숍에 예약금을 지불하며 예약하는 것과 같이 우리의 일상에서 쉽게 발견할 수 있는 풍경이 모두 이커머스의 영역이라고 할 수 있습니다.

라이브커머스는 기존의 이커머스 포맷이 바뀐 것이라고 이해하면 쉽습니다. 상품이나 서비스의 텍스트 설명과 이미지를 보고 구매를 결정하는 것이 이커머스라면, 라이브커머스는 실시간

028 · 라이브커머스 시작하기

라이브커머스 시장 현황부터 아이템 선정, 홍보, 마케팅 전략 등 라이브커머스를 시작할 때 알아두어야 할 핵심만 뽑아 쉽게 알려줍니다.

라이브 채팅 관리자 세팅하기

라이브커머스의 가장 큰 매력은 채팅을 통해 소비자와 실시간으로 소통할 수 있다는 것입니다. TV홈쇼핑처럼 정보를 일방적으로 전달하는 게 아니라 소비자와의 양방향 대화를 기반으로 방송을 이끌어가죠. 하지만 다수의 소비자를 상대로 한두 명의 판매자가 소통을 하다 보면 질문이나 요청사항, 대화의 흐름을 놓치기도 합니다. 또한 새로 유입된 소비자가 방송의 흐름을 이해하지 못해 흥미를 느끼지 못하고 나가버리는 경우도 발생합니다. 판매자가 일일이 채팅 답변을 달면서 방송을 진행하다 보면 오히려 소비자의 몰입도는 떨어집니다. 따라서 방송을 도와주는 스탭이 채팅 관리자의 역할을 수행해야 합니다. 채팅 답변을 달아줌으로써 소비자의 이탈을 줄일 수 있습니다.

라이브 채팅 관리자 등록 방법

01 ❶쇼핑라이브 스튜디오 앱에서 [더보기(ⅰ)]를 터치합니다. ❷라이브 방송 환경을 설정할 수 있는 메뉴가 열리고 이 중 [채팅관리자 등록]을 누릅니다.

앱 편집화면, 채팅 관리자 설정 페이지

라이브커머스 판매자 가입부터 상품 등록, 리허설, 방송 진행, 영상 편집, 다시보기 등 라이브 방송 진행에 필요한 모든 내용을 하나하나 상세하게 소개합니다.

초보자도 쉽게 이해할 수 있는
라이브커머스 TIP

라이브커머스에 대한 이해도를 높이고 궁금증을 속 시원히 풀어주어, 어려운 내용도 막히지 않고 학습할 수 있게 도와줍니다.

라이브커머스 전문가의 실전 노하우

라이브커머스 전문가 저자들의 실전 경험을 바탕으로 꼭 알아야 하는 내용이나 상황에 따른 노하우를 추가로 알려줍니다.

PART

01 ··· 새로운 고지, 라이브커머스

▶▶ **CHAPTER 01** 　라이브커머스 시장의 기회

▶▶ **CHAPTER 02** 　라이브커머스가 이커머스 뉴트렌드인 이유

▶▶ CHAPTER 03   나에게 맞는 라이브커머스는?

PART 02 ··· 라이브커머스 마케팅 전략

▶▶ CHAPTER 01   미리 결정하는 오늘의 매출목표

목차

PART

03··· 라이브커머스 기획과 전략적 세팅 A to Z

▶▶ CHAPTER 01   **성공을 좌우하는 라이브커머스 기획**

▶▶ CHAPTER 02   네이버 쇼핑라이브 세팅하기

▶▶ CHAPTER 03   라이브 방송 준비하기

▶▶ CHAPTER 04   라이브 방송 사전 홍보하기

PART 04 ··· 라이브커머스 ON AIR

▶▶ CHAPTER 01   방송 시작 전 촘촘한 사전 준비

▶▶ CHAPTER 02   라이브 ON AIR

▶▶ CHAPTER 03   방송 종료와 다시보기

새로운 고지,
라이브커머스

새로운 거래 방식과 플랫폼에 의해 폭발적인 성장을 해온 한국의 이커머스. 스마트스토어와 쿠팡, 그리고 다음 주자는 누구일까요? 연간 10조 원대의 거래액이 기대되는 '라이브커머스'가 바로 그 주인공입니다. 실시간 라이브 스트리밍을 통해 소비자와 소통하며 관계를 맺고, 나아가 그 믿음을 바탕으로 판매 효율을 극대화할 수 있는 새로운 거래 형태인 라이브커머스. 소상공인 개인부터 대기업에 이르기까지 누구나 쉽게 도전할 수 있는 라이브커머스를 소개합니다.

99

32

라이브커머스 시장의 기회

 선점해야 할 새로운 시장, 라이브커머스

48만 명, 어떤 숫자일까요? 시청률이 중요한 평가 지표인 방송사 프로그램의 시청자 수가 아닙니다. 소위 인기 있는 유튜버의 누적 조회수도 아닙니다. 한 시간 동안 단일 상품을 판매한 라이브커머스 방송의 누적 시청자 수입니다. 48만 명이라는 높은 숫자는 상품을 소개하고 판매하는 온라인(인터넷) 커머스 방송의 시청자 수라는 데에서 의미가 남다릅니다. 시청자 수뿐만 아니라 거래액도 폭발적으로 성장하면서 라이브커머스는 업계에서 최대 화두가 됐습니다. 소상공인, 1인 사업자부터 대기업에 이르기까지 많은 이들이 라이브커머스에 관심을 두는 이유입니다.

그렇다면 라이브커머스란 어떤 판매 방식을 말하는 것일까요? 이를 이해하기 위해서는 먼저 '이커머스(E-commerce)'를 알 필요가 있습니다. 이커머스란 전자상거래(Electronic commerce)의 약자로 온라인 네트워크를 통해 상품과 서비스를 사고파는 것을 의미합니다. 11번가, 쿠팡 등에서 물건을 사거나 배달의민족에서 음식을 주문하는 것, 헤어숍에 예약금을 지불하고 예약하는 것과 같이 우리의 일상에서 쉽게 발견할 수 있는 풍경이 모두 이커머스의 영역이라고 할 수 있습니다.

라이브커머스는 기존의 이커머스 포맷이 바뀐 것이라고 이해하면 쉽습니다. 상품이나 서비스의 텍스트 설명과 이미지를 보고 구매를 결정하는 것이 이커머스라면, 라이브커머스는 실시간

라이브커머스 예시화면, 출처 : 네이버 쇼핑라이브

방송 영상을 통해 정보를 전달받아 물건을 구매하는 형식입니다.

물론 TV에서 방영하던 홈쇼핑을 단순히 인터넷으로 옮겨온 것이라고 오해할 수도 있겠습니다. 하지만 판매 방식의 변화의 관점에서 바라볼 때 라이브커머스는 TV홈쇼핑과는 큰 차이가 있습니다. TV홈쇼핑의 경우 소비자는 일방향으로 전달되는 정보에 의해서만 상품을 판단합니다. 반면 라이브커머스는 진행자와의 실시간 양방향 소통을 기반으로 상품에 대한 정보를 전달받고, 질의응답과 상담을 통해 상품을 구체적으로 이해할 수 있습니다. 이때, 진행자와 소비자가 소통하며 늘어난 소비자의 체류 시간만큼 구매전환율이 높아진다는 특징이 있습니다.

이커머스의 성장과 스마트스토어의 등장

1996년 인터파크와 롯데가 전자상거래에 처음 진출하면서 한국의 이커머스가 시작됐습니다. 초기에는 11번가, 옥션, G마켓과 같은 '오픈마켓'과 '독립몰(브랜드몰)'이 시장의 성장을 주도했습니다. 그러다 2010년을 기점으로 이커머스 업계는 큰 변화를 맞게 됩니다. 쿠팡, 위메프와 같은, 한정된 기간에만 특별할인 판매를 하는 소셜커머스가 시장을 주도하게 된 것입니다.

공동구매를 통해 가격을 할인 받는 소위 '그루폰(Groupon)'[1]식 판매 형태가 한국의 소셜커머스 내에서 자리 잡으면서 상품의 판매가가 소셜커머스를 기준으로 하향 평준화되는 효과를 만들었습니다. 소셜커머스의 가격 혁신은 폭발적인 거래액의 성장으로 이어졌지만, 반대로 상품을 공급하는 판매업체들의 경쟁은 가속화됐습니다. 해당 업체들은 기존보다 더 강도 높은 원가절감이라는 추가 과제를 해결해야만 했습니다.

게다가 한정된 이커머스 플랫폼(11번가, 옥션, G마켓 등)을 이용하던 기존 고객들에게 소셜커머스, 카테고리 킬러(Category killer)[2] 플랫폼, 나아가서는 SNS나 유튜브 채널에 이르기까지 선택의 폭이 확장되었지만, 판매자에게는 오히려 마케팅비가 증가하는 부담이 생겨났습니다.

원가절감과 마케팅비 증가라는 두 가지 문제에 대응해야 하는 상황에서 네이버의 '스마트스토어'가 해결책이 되었습니다. 네이버 스마트스토어는 서비스를 론칭한 지 8년 차가 되던 2022년에 거래액 38.4조 원을 기록해 업계에서 판매 1위의 입지를 달성했습니다. 스마트스토어는 10%대 이상의 기존 이커머스 중계수수료를 4~6%로 대폭 낮추었으며, 국내 포털의 트래픽 점유율을 80% 이상 확보했습니다. 이를 통해 스마트스토어는 판매업체들의 마케팅비와 마진 문제를 동시에 해결해주었습니다.

1990년대	1996년	인터파크, 롯데인터넷백화점 론칭
	1998년	옥션(경매/공동구매) 론칭
	1999년	G마켓(인터파크 자회사) 론칭
2000년대	2002년	임대몰 솔루션(카페24/메이크샵(2000)/고도몰 등), 롯데닷컴 론칭
	2008년	11번가 론칭
	2009년	무신사스토어 론칭

---

1   그루폰(Groupon) : 소셜커머스의 원조격 사이트로 2007년에 미국에서 설립됐습니다.
2   카테고리 킬러(Category killer) : 하나의 상품 품목군을 할인하여 판매하는 전문 유통 할인점을 의미합니다.

	2010년	쿠팡, 위메프, 티몬, 배달의민족 론칭
2010년대	2014년	스토어팜 론칭(2012년 N샵, 2018년 스마트스토어로 명칭 변경), SSG.COM 론칭
	2019년	그립 론칭
2020년대	2020년	네이버 쇼핑라이브, 쿠팡라이브, 롯데온 론칭

쿠팡의 물류혁신

쿠팡은 동일한 상황에서 다르게 접근했습니다. 수수료를 유지하거나 늘리더라도 소비자에게 차별화된 가치를 제공하고자 한 것이지요. 이에 따라 쿠팡은 직매입 방식을 도입해 당일배송, 즉 '로켓배송'이라는 물류혁신을 이루어냈습니다. '쿠팡 없이 어떻게 살았을까?'라는 쿠팡의 모토는 이를 잘 반영하는 캐치프레이즈입니다.

공급업체 입장에서도 쿠팡의 로켓배송 상품 출고는 손해 보는 장사가 아니었습니다. 물론 가격을 통제할 수 없다는 점과 20~30%대의 높은 수수료를 지불해야 한다는 단점도 있었습니다. 그럼에도 불구하고 자사 재고를 직접 매입하는 로켓배송은 재고부담, 마케팅 비용, CS나 물류비를 상쇄시켰기에 공급업체들에게 쿠팡은 매력적인 유통처로 다가왔습니다. 공급업체들이 이마트와 같은 대형 유통업체에 납품하려는 이유도 같은 맥락입니다. 쿠팡은 중개방식에서 직매입으로 물류혁신을 이룸으로써 론칭한 지 7년여 만에 37.9조 원에 달하는 거래액을 만들어냈습니다.

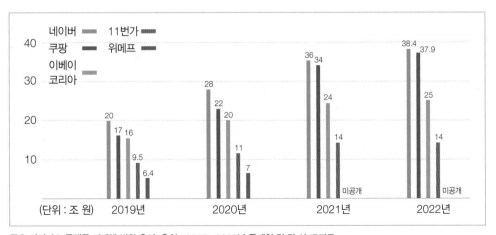

주요 이커머스 플랫폼 거래액 변화 추이, 출처 : 2017~2022년 통계청 및 각 사 IR자료

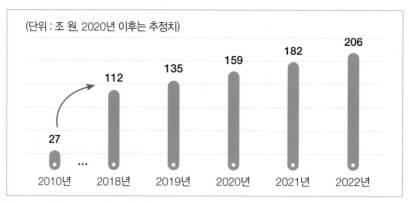

(단위 : 조 원, 2020년 이후는 추정치)

27 ... 112 135 159 182 206

2010년 2018년 2019년 2020년 2021년 2022년

연도별 온라인 쇼핑 거래액, 출처 : 통계청

이커머스의 새로운 성장 동력, 라이브커머스

한국의 이커머스는 새로운 플랫폼의 등장과 거래 방식의 혁신으로 매년 약 10%의 성장률을 유지하며 꾸준히 성장해왔습니다. 2022년에는 이커머스 거래액이 200조 원을 돌파하는 기록을 세웠습니다. 특히 한국은 오픈마켓을 시작으로 독립몰(자사몰)과 소셜커머스의 성장을 거쳐, 최근에는 네이버 스마트스토어와 쿠팡과 같은 신규 플랫폼의 등장으로 전체 시장이 성장한다는 특징을 가지고 있습니다. 이는 혁신적인 거래 방식을 제공하는 신규 플랫폼들이 폭발적인 거래액 성장을 끌어내고, 이들 플랫폼의 성장이 해당 연도의 거래액 성장을 견인한 결과입니다.

그렇다면 온라인 쇼핑의 다음 성장동력은 무엇일까요? 업계에서는 다음 성장동력으로 라이브

최대 라이브커머스 전망
최소 라이브커머스 전망

1.7조 25.6조 10.2조

2020년 2021년 2022년 2023년 2024년 2025년

국내 라이브커머스 시장 전망, 출처 : 교보증권리서치센터, 미디어미래연구소

커머스를 꼽습니다. 계속해서 온라인 쇼핑 플랫폼과 신규 플랫폼들이 론칭되고 있는 이유이기도 합니다. 네이버 쇼핑라이브, 그립, 쿠팡라이브 등과 같은 라이브커머스 플랫폼뿐만 아니라 라이브24(카페24 앱)와 같은 라이브커머스 솔루션을 통해 이제는 누구나 손쉽게 독립적인 라이브 방송을 진행할 수 있는 상황이 만들어졌습니다.

그렇다면 라이브커머스 시장의 규모는 어느 정도일까요? 세계에서 가장 큰 라이브커머스 시장을 보유한 중국의 경우 2021년 9,610억 위안(한화 163조 원)으로 전체 이커머스 시장 거래액의 무려 8% 규모를 차지했습니다. 국내 라이브커머스 시장 또한 중국과 대비해 늦은 출발임에도 불구하고 계속해서 성장하고 있습니다. 2020년 1조 원대의 거래액을 시작으로 2023년에는 3.5조 원을 돌파했고, 2024년에는 6조 원을 넘어설 것으로 업계는 예상하고 있습니다.

물론 단순히 중국의 라이브커머스 거래액 비중과 성장세만을 가지고 국내의 시장 상황을 예상하는 데는 한계가 있습니다. 그러나 한국의 이커머스 성장은 늘 신규 플랫폼의 혁신적인 거래 방식에 의해서 성장해왔다는 특징을 가지고 있고, 현재 한국의 이커머스는 새로운 혁신 모델을 기대하고 있는 단계에 접어들었습니다. 더불어 영상 콘텐츠의 대중화와 영상 소비 시간의 증가 등 기술의 발전과 시대 변화는 동영상을 기반으로 한 라이브커머스 시장의 성장 가능성을 보여줍니다.

누구나 쉽게 도전할 수 있는 곳

라이브커머스 시장 선점의 중요성

라이브커머스는 아직 초기이지만 다양한 형태와 내용으로 운영되고 있습니다. 일정 스토어 판매 등급을 넘으면 누구나 방송을 할 수 있는 '네이버 쇼핑라이브', 진행자(방송 크리에이터)의 스토어를 중심으로 진행되는 '쿠팡라이브'와 '그립', TV홈쇼핑의 진행방식을 차용한 '카카오라이브', 독립적인 자사 채널에서 진행하는 '롯데 온라이브'와 카페24의 '라이브24' 등이 그 예입니다.

어떤 형태가 정답이라고 말할 수는 없습니다. 중요한 것은 어떻게 하면 우리가 라이브 방송의 다양한 형태와 각 플랫폼의 정책을 빠르게 이해하고, 그 요구에 맞추어 시장을 선점할 수 있을지 고민해야 한다는 것입니다. 플랫폼들은 당사의 자원 상황과 고객들의 소비 패턴에 맞추어 비즈니스가 설계돼 있습니다. 그 정책을 이해하고 대응한다면 광고비 없이 제공되는 플랫폼의 노출 영역을 선점할 수 있을 것입니다.

네이버쇼핑과 네이버 쇼핑라이브 랜딩화면

네이버에 상품을 노출하기 위해 네이버쇼핑에 CPC(Cost Per Click) 광고[3]를 건다고 가정해 보겠습니다. 키워드에 따라 하루에 수만 원부터 많게는 수백만 원에 달하는 광고비를 내야만 내 아이템을 홍보할 수 있습니다. 위의 네이버 쇼핑라이브의 캡처화면을 보면 현재 진행 중인 라이브 방송이 실시간 시청자 수를 포함한 최소한의 기준대로 나타나고 있음을 알 수 있습니다. 노출이 잘 되는 좋은 자리는 많은 광고비를 지불해야 합니다. 그러나 경쟁이 덜한 시간대를 잘 고르면 처음 라이브 방송을 진행하는 업체이더라도 네이버 쇼핑라이브 최상단 자리를 무료로 차지할 수 있습니다. 비록 고객 수가 적다는 한계가 있더라도요.

---

3 CPC(Cost Per Click) 광고 : 1회 클릭당 광고비를 지불하는 방식의 광고 상품입니다. 대표적인 예로는 네이버 파워링크, 네이버쇼핑 등이 있습니다.

앞으로 라이브커머스가 자리를 잡는다면 광고를 걸어야만 더 좋은 자리에 노출되는 광고 모델이 생길 것으로 예상됩니다. 하지만 아직 라이브커머스는 초기 단계이기 때문에 현재 라이브커머스 플랫폼들은 많은 노출 영역을 무료로 제공해주고 있습니다. 적은 에너지로 최고의 효율을 만들 수 있는 셈입니다. 우리 업체의 브랜드 노출 효과를 얻는 동시에 잘 설계된 상품과 방송 준비로 높은 매출까지 만들어낸다면 이보다 좋은 유통 채널은 없을 것입니다. 그렇기에 업계 고수들은 늘 새로운 플랫폼이나 신규 서비스가 생기면 시장을 선점하려 합니다. 이후의 경쟁에서 우위를 차지할 수 있는 기본적인 트래픽을 확보하기 위함입니다. 선점의 효과를 경험해본 업체가 새로운 거래 방식에 늘 발 빠르게 움직이는 이유입니다.

평범한 사람들의 기회의 땅

선점의 중요성이 확인됐다면 그 자리를 차지할 사람은 누구일까요? 바로 이 책을 보고 있는 여러분입니다. "저는 한 번도 인터넷으로 물건을 팔아본 경험이 없어요.", "사람들 앞에 서면 말을 잘 못하고 부끄러움을 많이 타요." 잠깐이라도 머릿속에 이런 말들이 떠올랐다면 잊어버려도 좋습니다. 매년 수많은 창업자를 만나는 필자가 가장 많이 듣는 질문은 "어떻게 하면 이커머스로 성공할 수 있어요?"입니다. 그럴 때마다 저는 어김없이 "우리 스토어(브랜드)의 VIP 고객과 팬을 얼마나 만드느냐에 달려 있습니다."라고 답합니다.

우리 상품을 많이 사주는 VIP와 스스로 만족한 경험을 소문까지 내주는 팬이 100명만 있어도 판매 활동이 수월해집니다. 라이브커머스는 그런 VIP와 팬을 만들어내는 데 최적화된 도구입니다. 꾸준히만 하면 물리적으로 더 많은 사람에게 노출되고, 노출이 반복되다 보면 우리 상품을 좋아해주는 사람이 늘어나기 때문입니다. 꾸밈없는 말투와 솔직한 의견, 아마추어 같은 비전문적인 진행으로 많은 구독자를 사로잡은 유명 유튜버들처럼 말입니다.

라이브커머스 시청자 또한 이런 진행자를 기대합니다. 자신과 비슷한 일상을 살고 있거나 관심사가 같은 사람의 이야기를 듣고 함께 공감하며 상품을 구매하고 싶은 것입니다. 1인 가구로 살고 있는 진행자의 '1인 가구를 위한 주말 특식 밀키트 제안', 아이를 함께 키우는 육아 동지의 육아템처럼 말입니다.

이를 소비자들이 전문 쇼호스트를 선호하지 않는다고 해석하기보다는 전문 쇼호스트와 아마추어가 혼재할 수 있는 공간으로 이해하는 것이 더 맞겠습니다. 라이브커머스 채널을 특별할인 가격으로 상품을 살 수 있는 공간이자 내가 모르던 상품을 알게 되는 곳, 심지어는 백화점에서 아이쇼핑하듯 시간을 보낼 수 있는 공간으로 이해하는 소비자들이 많아진 이유도 같은 맥락으로 해석할 수 있습니다.

TIP **라이브커머스가 쉬워지는 실전 꿀팁!** 🔍

경쟁력 있는 공급처 확보하기

이제 한번 도전해볼 수 있겠다는 생각이 들었나요? 아직 무엇을 팔아야 할지 모르겠고 어디서 상품을 구해야 하는지 몰라 막막한가요? 자신의 관심사가 있는 카테고리에서 도매꾹이나 오너클랜과 같은 위탁판매 상품을 받아 판매하기, 셀러오션 등의 상품소싱 커뮤니티에서 공급업자 컨택하기, 온라인 기판매자에게 상품 공급 역제안 등 다양한 시도를 해볼 수 있습니다. 조금 규모가 커지면 중국 직소싱을 직접 해볼 수도 있습니다.

경쟁력 있는 공급처를 확보하기 위해서는 끊임없이 거래선들을 발굴해야 합니다. 처음부터 완벽한 소싱처를 찾아야 한다는 부담은 내려놓을 필요가 있습니다. 게다가 생산 및 제조업체들도 끊임없이 상품을 팔아줄 판매자를 찾고 있으니, 아이템의 방향성이 명확해질수록 윈윈(Win-Win)하는 거래처와 연결될 확률은 높아진다는 것을 기억해야 합니다.

라이브커머스가
이커머스 뉴트렌드인 이유

언택트를 넘어 온택트의 시대

어제 잠들기 전, 앱으로 주문한 반찬이 새벽에 우리 집 앞에 도착했다. 오전에는 프랑스에서 지내고 있는 지인과 판매 상품을 논의하기 위해 줌으로 미팅을 했다. 오후에는 평소 관심이 있었던 국립미술관의 랜선 갤러리를 구경했다. 마침 신진 작가들의 라이브 방송이 예정돼 있어 한 시간 남짓 설명을 듣고 질문도 하니 작품을 깊게 이해할 수 있었다. 이후에 스마트폰으로 오늘 자 뉴스기사를 보다가 '스태비아 토마토' 광고가 보이길래 클릭했더니 TV홈쇼핑처럼 실시간으로 토마토를 팔고 있었다. 요즘 SNS에서 핫한 음식이라 한번 사 먹어보려고 했는데 다른 곳보다 저렴하게 팔고 있어서 바로 결제했다. 얼른 맛보고 SNS에도 올려야겠다.

위의 글은 지금 우리 일상의 모습입니다. 2020년 코로나19 바이러스로 인한 글로벌 팬데믹은 모든 것을 변화시켰죠. 특히 이커머스 분야에서는 언택트(Untact)에서 온택트(Ontact)로의 전환을 야기했습니다. 언택트란 판매자와 대면하지 않고 소비를 하는 것으로 이제는 일상적인 현상이 됐습니다. 유례없는 코로나19 바이러스의 확산, 그에 따른 사회적 거리두기 및 재택근무 등으로 인해 사람들이 많은 시간을 집에서 보내면서 온라인을 통한 외부와의 연결이 더 자연스러워지고 빈번해졌습니다.

온라인 소비 방식 변화의 시작

이커머스 분야에서도 온택트 소비가 활성화됐습니다. 그간 온라인 소비가 오프라인 소비를 넘어서는 데 가장 큰 어려움은 다름 아닌 '구매 경험'이었죠. 온라인에서 제품을 구매하기 전에 직접 시착해보거나 만져보는 것은 물리적으로 불가능한 일에 가까웠습니다.[4] 하지만 라이브 커머스는 이를 가능하게 만들었습니다.

채팅을 통한 질문 및 요청

"언니~ 지금 입고 있는 자켓 앞쪽으로 한번 당겨서 보여주세요! 얼마나 여유가 있는지 보게요."

"양이 얼마나 되는 거예요? 300g이라고만 하니 감이 안 와요."

"과육이 탄탄한가요? 전에 잘못 샀는지 냉장고에 뒀는데도 금방 물러서 후회했어요."

라이브 방송 중에 채팅 창에 수시로 올라오는 질문과 요청들입니다. 평소 마트에서, 백화점에서, 그리고 재래시장에서 물건을 구매할 때 우리가 늘 했던 말과 행동들입니다. 라이브 방송에

---

4 박찬재, 〈5G가 몰고 올 이커머스의 가까운 미래〉, CLO insight, 2018년 4월.

서는 방송 진행자를 통해 이를 간접적으로 체험할 수 있습니다. 이전의 상거래에서 소비 결정에 필요한 대부분의 역할을 소비자에게 맡겼다면, 앞으로는 서비스 제공자와 소비자 간의 많은 소통이 필요하다는 의미이기도 합니다. 다시 말해, 소비자는 보다 많은 질문을 던지게 될 것이고, 더 많은 고민을 하게 될 것입니다. 단지 가장 많이 팔리는 저렴한 상품을 고르는 것이 아니라 나에게 무엇이 알맞은지를 서비스 제공자에게 묻는 시대가 돼가고 있는 것입니다.[5] 라이브커머스는 그러한 온택트 시대에 있어 가장 처음 시작된 이커머스 포맷입니다.

 ## 효율 끝판왕, 라이브커머스

✉ 판매자 부담을 가중시키는 이커머스 판매 구조 　　　　　　　 _ ⤢ ✕

OOO 담당자님, 안녕하세요.
1등 소셜커머스 OOO, 식품MD OOO입니다.

유선으로 논의드린 내용을 한 번 더 정리해서 메일 드리니
딜 진행 내용을 확인 부탁드립니다.

* 진행일 : 2023년 10월 31일 00:00:00~23:59:59, 24H
* 확정수수료 18%
* 요청사항(상품&마케팅 등)
– 판매가격은 정상가격에서 50% 이상 할인(네이버 최저가보다 낮아야 함)
– 주문 금액 상관없이 무료배송
– 1,000원 특가 상품 30개 제공
– 판매 재고 3,000개 이상 확보
– 판매업체 채널(자사몰, 인스타그램 등) 전체 딜 이벤트 노출(최소 3일 전부터)

준비 잘 부탁드리며, 매출 잘 나오는 영역 확보하도록 노력하겠습니다.

5　이승훈, 〈5G의 등장과 서비스 플랫폼의 변화〉, 정보통신기획평가원 주간기술동향, 2018년 3월.

소셜커머스 식품MD와 상품 판매업체의 일상적인 메일 소통 내용입니다. 초보 판매자의 입장에서는 다소 충격적인 내용일 수 있습니다. '통상 소비자 가격의 50% 이상 할인?', '전 상품 무료배송?', '30개 사은품까지 걸라고?' 머릿속에서 빠른 속도로 계산이 돌아갑니다. 부가가치세, 종합소득세 등의 세금까지 생각하면 도저히 남는 장사가 아니죠.

그렇다고 판매자들이 손해를 감수하면서까지 판매하고 있을 리는 없습니다. 결과적으로는 마진을 많이 축소하는 구조가 됐다고 이해하는 것이 맞겠습니다. 무료배송, 최저가 경쟁, SNS 광고, 이슈를 만들 수 있는 이벤트 등의 활동들은 모두 소비자에게 선택받기 위한 노력이라고 볼 수 있습니다.

판매 매체별	2018	2019	2020	2021	2022
온라인 거래액	113	136	158	190	209
모바일 쇼핑	69	87	109	138	156
비율(%)	61.1	64.0	69.0	72.6	74.6

이커머스 모바일 쇼핑 이용 비중, 출처 : 통계청 (단위 : 조 원)

스마트폰의 보급과 모바일 콘텐츠의 양적·질적 성장으로 인해 온라인 쇼핑 거래액이 증가하면서 모바일 결제 비중은 온라인 거래액의 75%를 차지했습니다(2022년 기준). 모바일 결제 비중의 증가는 상품을 판매하는 이커머스 플랫폼에 큰 부담을 주었습니다. 과거에는 PC를 통한 온라인 매출이 주도됐는데, 당시에는 광고 외에도 랜딩 페이지나 검색결과 화면에서 다수의 상품을 노출할 수 있었습니다. 심지어 모든 상품이 광고인 경우에도 노출할 수 있는 공간이 충분해 광고 비용이 비교적 낮았고 판매자의 부담도 적었습니다.

그러나 모바일이 주요 결제 채널이 되면서 상황은 완전히 달라졌습니다. 이제 PC 화면에서 노출되던 상품의 1/5에서, 많게는 1/10에 해당하는 소수의 상품만 노출할 수 있게 된 것입니다. 이는 플랫폼 입장에서는 기존 매출을 유지하기 위해 상품당 최소 5배에서 최대 10배의 매출을 달성해야 함을 의미합니다. 각 카테고리 담당 MD는 짧은 시간 내에 극단적으로 매출을 높일 수 있는 상품 기획에 대한 부담이 더욱 커진 상황입니다.

이런 부담은 판매자 입장에서도 마찬가지일 수밖에 없습니다. 상품을 노출할 수 있는 기회가 극단적으로 줄어들었기 때문입니다. 게다가 광고비 경쟁이 심해져 적은 수량을 판매해서는 광

네이버 PC와 모바일 화면 내 노출 상품 수 비교

고비를 커버할 수 없습니다. 이런 구조적인 변화는 마진을 떨어뜨린 가성비 높은 상품을 지속 적으로 공급해야 하는 '저마진 판매 구조'를 일반화했습니다.

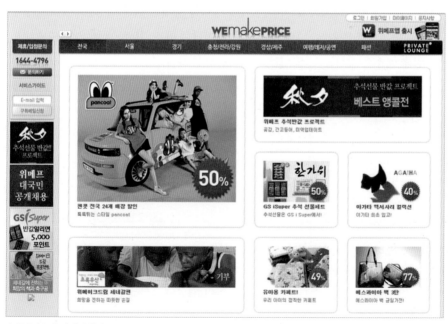

소셜커머스 초기 랜딩화면

소셜커머스 현재의 딜

게다가 2013년을 기점으로 급속히 성장한 쿠팡, 위메프 등의 소셜커머스는 한정된 시간 안에 국내 최저가로 상품을 파는 '딜(Deal)'이라는 판매 방식을 통해 이러한 현상을 가속화했습니다. 딜은 가성비 좋은 상품을 찾는 소비자에게는 합리적인 소비를 가능하게 했지만, 판매자 입장에서는 한번에 매출을 끌어올릴 수 있는 기회이면서도 사전에 많은 물량을 준비해야 하는 위험성이 있었습니다. 이런 판매 방식의 변화는 11번가의 '쇼킹딜'이나 G마켓의 '슈퍼딜' 등으로 이어지며 기존 오픈마켓 강자의 서비스에까지 영향을 주었습니다.

판매 효율을 높이는 방법론, 라이브커머스

"아기천사님! 신체 비율이 좋지 않아서 나에게도 어울릴지 고민되신다고요? 제 비율 알려드릴까요? (중략) 이런 저에게도 딱 맞아요. 이 바지는 정말 만능이에요!"

"주말에 반찬 뭐 해야 할지 고민되셨죠? 물오른 제철 주꾸미를 지금 주문하시면 역대 최저가에, 내일 퇴근 전까지 받으실 수 있어요! 손질도 다 돼 있어서 데치기만 하면 끝이에요."

> "몇백만 원이나 하는 가죽 소파를 사진만 보고 구매하는 건 말도 안 되죠! 직접 매장에 가서 앉아보고 만져보고 사야 하는 아이템인데요. 제가 지금부터 여러분 대신 모두 확인해드릴게요!"

노출 화면은 한정되어 있고 짧은 시간 내에 많은 매출을 달성해야 하는 상황에서 효과적으로 소비자를 설득할 수 있는 기회가 열렸습니다. 바로 라이브커머스가 해결책이 된 것입니다.

라이브커머스는 기존 고객들의 질문이나 일반화된 관심사를 해결해주는 수준을 넘어섭니다. 소비자 개개인이 결제까지 가도록 유도하는 동시에 잠재돼 있는 니즈를 들추어 소비 심리를 자극합니다. 구매전환율을 높이는 상품과 포맷을 지속적으로 찾는 일은 한정된 노출 영역 안에서 효율을 높여야 하는 플랫폼들에게 가장 중요한 과제입니다. 라이브커머스가 각광받는 이유가 여기에 있습니다.

비디오 섬네일부터 V커머스까지 ▶

판매되고 있는 상품이나 서비스를 한눈에 알아볼 수 있도록 작은 이미지로 만들어 화면에 띄운 것을 '섬네일(Thumbnail)'이라고 합니다. 한정된 화면에 많은 상품을 효과적으로 진열하는 동시에 이미지를 통해 빠르게 상품을 보여줄 수 있다는 점에서 유용한 노출 방식입니다.

과거 판매자들은 여러 섬네일 이미지로 소비자가 상품을 한눈에 파악할 수 있도록 노력했습니다. 하지만 이제는 섬네일에 동영상을 추가하고, 상품 상세페이지에도 동영상 콘텐츠를 삽입할 수 있게 됐죠. 라이브커머스는 텍스트와 이미지에 국한되던 정보를 넘어 구매전환율을 극단적으로 높일 수 있는 방법론으로 제시됐습니다.

라이브커머스를 차치하더라도 이제는 섬네일부터 상세페이지까지 영상 콘텐츠가 없는 곳을 찾아보기 힘들 정도입니다. 상품이나 서비스를 조금 더 생생하게 확인하고 싶은 소비자들이 텍스트나 이미지에 비해 영상을 더 선호하는 건 당연한 이야기입니다. 이러한 소비자의 구매 패턴의 변화에 맞추어 업계는 빠르게 대응하고 있습니다. 섬네일과 상세페이지에서 영상 콘텐츠를 적극 활용하고 있죠. 따라서 영상 콘텐츠를 광고 소재[6] 및 퍼포먼스 마케팅[7]을 통한 전문화된 판매 기법으로 이해할 필요가 있습니다.

비디오 섬네일

비디오 섬네일을 적용한 스마트스토어와 11번가, 출처 : 옐로우라이트, 11번가

판매자 입장에서 섬네일은 중요한 경쟁 포인트입니다. '검색결과에 노출된 상품 중 누가 클릭을 받을 것인가?'를 결정하는 것은 결국 섬네일의 매력도이기 때문입니다. 그런 관점에서 비디오 섬네일은 소비자의 호기심을 자극하고 클릭을 유도하기에 이미지 섬네일보다 훨씬 유리합니다. 검색결과 화면 내의 비디오 미리보기 기능은 점차 일반화될 수밖에 없습니다. 특히 상

---

6 광고 소재 : 여러 매체를 통한 서비스나 상품 광고 진행 시 사용하는 콘텐츠물로, 이미지나 비디오 제작물 따위를 통칭합니다.
7 퍼포먼스 마케팅 : 명확한 목표를 설정하고, 측정 가능한 성과에 초점을 맞춘 마케팅 전략입니다. 광고 효과와 판매 결과 등 실질적인 데이터를 기반으로 성과를 최적화하는 방법입니다.

품 중개업을 운영하고 있는 네이버, 11번가 등의 플랫폼들이 검색결과 노출 화면의 효율을 높이기 위해 비디오 섬네일을 도입하는 것은 당연한 일입니다.

상세페이지 내 비디오 콘텐츠

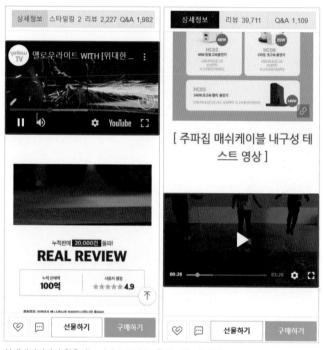

상세페이지에서 활용되는 비디오 콘텐츠, 출처 : 옐로우라이트, 주파집

상세페이지 내에서 비디오 콘텐츠를 활용하는 것은 어제오늘 일이 아닙니다. 비디오 콘텐츠는 한정된 공간 안에서 텍스트나 이미지에 비해 그 효율을 입증해왔기 때문입니다. 브랜드 소개를 시작으로 소비자의 후기나 생산자의 인터뷰, 상품의 특징이나 효과, 사용법 등 다양한 소재를 담아 제작된 비디오 콘텐츠는 상세페이지의 설득력을 높입니다.

특히 주목할 점은, 제작비용이 많이 들지만 완성도가 높은 비디오 콘텐츠를 주로 사용했던 과거와는 달리, 지금은 스마트폰으로 찍어서 바로 올린 비디오 콘텐츠 또한 소비자들이 자연스럽게 받아들인다는 것입니다. 영상의 퀄리티보다는 그 안에 담긴 상품이나 서비스의 본질에 더 집중하는 소비 형태가 일상이 돼가고 있기 때문이라고 해석할 수 있습니다. 소위 '병맛' 영상과 같은 콘텐츠가 사람들의 관심을 끄는 이유도 같은 맥락으로 이해할 수 있습니다.

하지만 상세페이지에 과도한 분량의 비디오 콘텐츠를 담으면 로딩 시간 지연, 정보 과다, 레이아웃 제한 등과 같은 불편을 가져올 수 있습니다. 일반적으로는 한두 개의 비디오 콘텐츠와 여러 개의 GIF 이미지를 적절히 활용함으로써 기존의 상세페이지보다 가독성과 설득력을 높일 수 있습니다.

미디어커머스

미디어커머스를 활용한 사례, 출처 : 네이버

'미디어커머스'란 미디어(Media)와 커머스(Commerce)의 합성 신조어입니다. 미디어의 유통 경로와 미디어 콘텐츠를 활용해 상품 홍보 효과를 극대화하는 전자상거래를 말합니다. 우리가 흔히 잘 알고 있는 'PPL'이 일종의 매스미디어에서의 미디어커머스라고 한다면, 최근 각광받고 있는 미디어커머스는 SNS를 큰 축으로 하는 개인화된 콘텐츠입니다. 예를 들어 온라인 커뮤니티 게시판의 홍보글, 뉴스 기사를 가장한 광고 등이 있습니다.

SNS에서 흥미를 끄는 상품 이미지를 클릭하거나, 일반적인 뉴스라고 생각해 클릭한 기사가 사실은 상품 소개글이었던 경험은 누구에게나 있을 것입니다. 이는 언론사 광고 페이지에 신문 기사 형태로 광고를 한 미디어커머스 사례입니다. 혹은 한번 봤던 상품의 광고 이미지가 다른 페이지에서도 계속해서 보일 때, 심지어는 프리웨어 프로그램에서까지 계속해서 나타나는 광고 이미지 역시 미디어커머스 사례로 볼 수 있습니다.

이처럼 소비자가 필요에 의해 직접 물건을 구매하는 '목적형 쇼핑'이 아니라, 자연스러운 콘텐츠 노출을 통해 필요를 인식하도록 만들어 소비를 이끌어내는 '발견형 쇼핑'이 바로 미디어커머스의 핵심 개념입니다. 이는 일종의 고도의 큐레이션으로 이해할 수 있습니다.

하지만 아무리 좋은 콘텐츠와 제품을 제공하고 반복적으로 콘텐츠 소비를 유도하더라도 해당 상품이 필요하지 않다면 구매로 이어지지 않습니다. 그러므로 상품을 기획하는 MD는 타깃 소비자의 라이프스타일에 맞는 콘텐츠와 상품을 정확하게 기획해야 합니다.

비디오커머스(V커머스)

'비디오커머스'는 비디오(Video)와 커머스(Commerce)의 합성어로, 줄여서 '브이커머스(V-commerce)'라고 부르기도 합니다. 상세페이지의 비디오 콘텐츠나 미디어커머스, 라이브커머스 모두를 포괄하는 개념으로 이해할 수 있습니다.

유튜버 〈애주가TV〉의 '참PD'와 해당 유튜버가 운영하는 '핵이득마켓'

스마트폰으로 영상 콘텐츠를 시청하는 소비자들이 기하급수적으로 늘어남에 따라 패션 및 뷰티 제품을 중심으로 비디오커머스는 지속적으로 성장하고 있습니다. 특히 진행자 역할을 하는 크리에이터들이 제품을 설명하는 동시에 시연함으로써 간접 체험의 효과를 제공하고, 자연스럽게 구매를 유도한다는 것이 특징입니다. 단순히 상품을 설명하는 수준을 넘어 적극적으로 구매 유도를 한다는 것이 중요한 포인트죠. 유튜버가 유튜브 쇼핑 연동 서비스를 통해 본인의 계정에서 바로 상품을 파는 것도 같은 맥락으로 이해할 수 있습니다.

📹 신뢰받는 큐레이터, 신뢰받는 큐레이션 ▶

수년 전부터 서울 동대문 곳곳에서는 셀카봉에 스마트폰 한 대를 꽂고 라이브 방송을 하고 있는 왕훙[8]을 자주 볼 수 있습니다. 왕훙은 타오바오, 콰이쇼우 등의 중국 커머스 플랫폼에서 라이브 방송을 통해 상품을 판매하는 커머스 인플루언서입니다. 이들은 한국의 동대문까지 와서 실시간 라이브 방송을 통해 K-패션 신상품을 가장 먼저 소개하고 상품을 판매합니다.

왕훙 현상은 여러 가지 해석이 가능합니다. 첫 번째는 그만큼 K-패션에 대한 중국 소비자들의 관심도가 높다는 것입니다. 두 번째는 패션 분야에서 소규모 팔로워를 가진 왕훙들이 자신의 캐릭터나 아이템을 차별화함으로써 중국 라이브커머스 시장이 점차 완성된 시장 형태로 진화하고 있다는 것을 시사합니다. 왕훙과 함께 성장하고 있는 중국 라이브커머스 시장의 영향으로 동대문 곳곳에 대(對)중국 왕훙 전용 스튜디오가 큰 규모로 운영되고 있습니다.

라이브커머스 큐레이션의 효시, 왕훙

그렇다면 중국의 라이브커머스를 움직이고 있는 왕훙은 어떤 존재들일까요? 소규모 생산을 통해 물건을 판매하는 소상공인부터 5분 만에 립스틱 1만 5천 개, 광군제(중국의 블랙프라이데이) 하루 매출 120억 위안(한화 약 2조 2,106억 원)어치를 팔아치우는 리자치까지 그 규모

---

8 왕훙: 중국 내 온라인상의 유명 인사 '왕뤄훙런(網絡紅人)'을 줄인 말입니다. 많게는 수천만 명의 팔로워를 기반으로 상품을 판매하는 일종의 커머스 인플루언서입니다.

타오바오 라이브 방송 진행 모습

립스틱을 테스트하고 있는 리자치, 출처 : 인민망 한국어판

와 내용은 다양합니다. 특히 폭발적인 매출과 수천만 명의 팬들을 거느리는 유명 왕훙들은 인플루언서를 넘어 '걸어 다니는 기업'이라고 말할 수 있을 정도입니다.

어떻게 이런 일이 가능할까요? 유명 연예인도 대기업도 아닌 개인으로 시작한 평범한 사람이 만들어낸 실적이라고는 믿기지 않는 숫자이니 말입니다. 업계에서는 이러한 현상의 원인을 다양하게 해석하고 있지만, 그중 가장 힘이 실리는 주장은 다름 아닌 큐레이션입니다. 수많은 상품 중에서 가장 가성비 좋은 상품을 골라 소개해주는 역할은 공급과잉 시대 속에서 바쁜 일상을 살고 있는 우리에게 꼭 필요한 서비스입니다.

물론 이런 큐레이션 서비스가 우리에게 완전히 새로운 것은 아닙니다. '큐레이터'라는 직업을 한 번쯤은 들어봤을 텐데요. 큐레이터는 박물관이나 미술관의 전시회를 기획하고, 작품 또는 유물을 기준에 맞게 구입하고 수집하며 관리합니다. 큐레이터가 하는 대표적인 일이 바로 큐레이션이죠. 큐레이터는 수많은 작품들의 가치를 구분해내고, 한두 가지 콘셉트로 묶어내어 더 높은 가치나 메시지를 만들어냅니다. 또 이를 공간이나 컬러, 오디오, 텍스트 등 여러 포맷으로 각색해 대중에게 효과적으로 소개합니다. 왕홍은 이커머스 업계에서 큐레이터와 비슷한 역할을 하면서 더욱 유명해졌습니다.

AI에 의한 큐레이션, 출처 : 네이버 AiTEMS, 쿠팡 추천 상품

그런데 여기서 우리는 이렇게 생각할 수 있습니다. '큐레이션은 반드시 사람이 해야 하는 일인가?' 답은 'NO'입니다. 어떤 상품이 더 가성비가 좋은지, 다른 사람들은 무엇을 소비하는지, 어떤 기능을 만족하고 불만족하는지 등에 대한 큐레이션은 사람보다 인공지능(AI)이 훨씬 정교하고 정확하게 처리합니다. 이런 큐레이션 기능은 이미 수년 전부터 서비스되고 있었죠. 나

의 검색 및 구매 히스토리, 그리고 나와 비슷한 특성(나이, 성별 등)과 소비 패턴을 가지고 있는 사람들의 데이터를 학습해 자동으로 상품을 추천하는 기능입니다. 네이버의 에이아이템즈(AiTEMS)나 쿠팡의 추천상품, 특가 제안 등은 모두 인공지능이 제공하는 큐레이션 서비스입니다.

믿을 수 있는 사람의 상품 추천

그렇다면 점차 고도화되고 있는 인공지능 대신 왕홍이 뜬 이유는 무엇일까요? 바로 신뢰와 의사결정 시간 단축에 그 답이 있습니다. 아무리 인공지능 기술로 추천받았다고 할지라도 소비자는 해당 상품이 자신이 찾고 있었던 상품의 스펙이 맞는지, 가성비는 좋은지 등을 검증해야 합니다. 상품을 추천받기 전의 상황과 비교해보면 상품 후보가 줄어든 것은 확실하지만, 구매하기까지 또 다른 과정을 거쳐야 합니다. 그렇기에 의사결정 시간을 단축시키며 믿을 수 있는 왕홍이 인기를 끌게 된 것입니다.

신뢰할 수 있는 사람의 추천으로 상품을 구매한 후 놀라운 만족감을 경험했다면, 그 경험은 평소 자주 사용하지 않았던 상품의 구매로까지 이어집니다. 이러한 의사결정은 SNS에서 자신이 팔로우하는 인플루언서의 공동구매로 상품을 구매하는 것과도 관련이 있습니다. 라이브커머스 큐레이터들은 자신의 전문성으로 좋은 상품을 고르고, 얼굴을 드러낸 채 상품을 소개함으로써 소비자에게 신뢰를 전달합니다. 소비자들은 그들을 자주 연락하고 교류하는 친한 언니, 혹은 친근한 동네 정육점의 삼촌처럼 느낄 수 있죠. 이러한 이유로 라이브커머스는 일반 소비자에게 많은 관심을 받게 됐습니다.

 시간을 소비하는 라이브 영상 콘텐츠 ▶

시간의 소비와 직결되는 구매전환율

필자가 개인적으로 참여하고 있는 모임의 첫 번째 오프라인 모임 후 카카오톡 단체 채팅방을 개설하고자 했습니다. 그런데 그중 한 분이 카카오톡 계정이 없고 향후에도 개설할 생각이 없다고 해서 당황한 적이 있었죠. "카톡을 안 쓰신다고요? 그럼 어떻게 연락을 하죠?"

다수의 인원이 실시간으로 소통할 수 있는 카카오톡과 같은 모바일 메신저는 효율성이 높은 만큼 우리의 일상에서 떼려야 뗄 수 없는 존재입니다. 가족, 친구 관계뿐만 아니라 업무 환경에서도 모바일 메신저의 활용도가 높아지면서 모바일 메신저는 스마트폰 이용 시간의 상당 부분을 차지합니다.

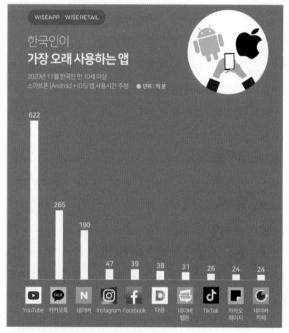

한국인 앱 이용 시간 비교, 출처 : 와이즈앱

그런데 카카오톡보다 우리가 더 많은 시간을 보내는 앱이 있습니다. 다름 아닌 유튜브입니다. 유튜브가 '한국인이 가장 오래 사용하는 앱' 1위를 차지한 것은 이미 오래전의 이야기입니다. 심지어 유튜브 이용 시간이 그 어떤 앱보다 더 급격하게 늘어나고 있는 것으로 통계가 잡혔습니다. 실제로 필자가 사용하고 있는 스마트폰의 앱 이용 시간의 통계를 확인해봤더니 결과는 놀라웠습니다. 한국인의 평균 앱 이용 시간 통계와 아주 비슷했고, 그중 절대적인 시간을 유튜브에 할애하고 있었기 때문입니다. 물론 나이나 성별, 관심사에 따라 개인차가 존재하지만 이용 패턴의 큰 방향성은 일치했습니다. 스스로 인지하지도 못한 사이에 우리는 상당 시간을 영상 콘텐츠에 소비하며, 그 시간은 점차 늘어가고 있습니다.

유튜브에서 조회수가 높은 콘텐츠류, 출처 : 유튜브 채널 〈tzuyang쯔양〉, 〈대도서관TV〉

먹방과 게임 중계 방송, ASMR에 이르기까지 유튜브 콘텐츠의 주제와 형식은 천차만별입니다. 유튜브는 기존의 TV 공중파 방송이나 그보다 좀 더 자유로운 종합편성채널에서도 다루기 힘들었던 날것의 콘텐츠가 제작되는 공간입니다.

특히나 유튜브는 플랫폼의 광고 수익을 콘텐츠 제작자에게 나눠주는 구조이기에 창작자들에게 큰 동기부여가 됩니다. 크리에이터들은 빠르고 정확하게 다채로운 콘텐츠를 생산해냈고, 그 결과 유튜브는 앱 이용 시간 1위라는 성과를 거머쥐었습니다. 더불어 촬영·편집 장비가 대중화됨과 동시에 틱톡, 인스타그램과 같이 1인 영상 콘텐츠를 생산하고 유통할 수 있는 채널들이 인기를 끌면서 영상 콘텐츠 시장은 급격하게 성장했습니다.

이와 같은 영상 콘텐츠의 소비가 유튜브에서 처음 이루어진 것은 아닙니다. 개인이 BJ (Broadcasting Jockey)에게 직접 후원하는 '별풍선' 제도를 도입해 폭발적인 흥행을 불러일으킨 '아프리카TV', 라이브 중계, 자기 화면 공유 기능, 방송 및 채팅 기능까지 제공하는 '트위치'는 2000년대 초반 영상 콘텐츠 확대와 궤를 같이합니다.

영상 콘텐츠의 주제와 소재, 깊이와 콘셉트가 다양해지면서 시청자의 범위도 구조적으로 확대됐습니다. 게다가 이러한 영상 콘텐츠를 생산해내는 크리에이터와 출연자들이 일반인이라는 데 더 큰 의미가 있습니다. 유명인을 중심으로 제작됐던 TV 영상 콘텐츠와 달리 유튜브는 옆집에도 살고 있을 것 같은 일반인이 만들어내는 콘텐츠입니다. 그러다 보니 현실성을 기반한 콘텐츠에 시청자들은 자연스레 감정 이입을 할 수 있고, 이는 유튜브 흥행의 조건이 됐습니다.

이것으로 끝이 아닙니다. 강력한 소통 체계인 댓글과 라이브 채팅 기능을 통해 양방향 소통이 가능해지면서 유튜브 콘텐츠 제작자와 구독자의 라포(Rapport)[10]가 더욱 강력해졌죠. 더불어 콘텐츠 소비 시간 또한 기하급수적으로 증가했습니다. 이는 정해진 콘셉트와 메시지를 단방향으로 내보내는 기존 매스미디어와는 달리, 유튜브가 시청자와 실시간으로 스킨십하며 콘텐츠를 함께 만드는 동시에 소비하는 식으로 콘텐츠 유형의 패러다임을 바꾸었기 때문이라고 해석할 수 있습니다.

TIP **라이브커머스가 쉬워지는 실전 꿀팁!** 🔍

라이브의 힘 : 브레이브걸스 역주행 사례

아이돌 그룹 브레이브걸스는 2021년 이른바 '역주행'의 대명사가 됐습니다. '1,854일의 기적'이라는 이름으로도 기록된 역주행은 그 기록을 깨기 힘들 정도입니다. 한 유튜브 크리에이터가 만든 일종의 브레이브걸스 헌정 영상은 많은 팬들을 감동시키기에 충분했습니다. 해당 영상의 조회수가 점차 높아지면서 브레이브걸스 음악이 각종 음반 차트 순위에 올랐고, 결국 존폐위기에 있던 걸그룹은 재기에 성공했습니다. 이에 브레이브걸스 멤버가 직접 유튜브 채널로 찾아와 감사 댓글을 남겼고, 해당 댓글에 팬들이 답댓글을 달며 소통하는 모습을 보여주었습니다.

크리에이터에게 의견을 내고, 질문도 하고, 친근감을 표현하는 일이 일상이 된 요즘입니다. 공동의 관심사를 가진 사람들이 모여 소소하게 이야기를 나누기도 하고, 브레이브걸스 사례처럼 논리적으로 설명하기 어려운 놀라운 일들까지 만들어내기도 합니다. 그 중심에는 영상 포맷이 자리하고 있습니다.

양방향 소통과 시간 소비를 가능하게 하는 라이브 영상은 그 폭발력이 더 강하다는 것에 우리는 주목할 필요가 있습니다. 라이브 영상에 몰입하게 만듦으로써 구매전환율을 높일 수 있는 확실한 방법이기 때문입니다.

영상 콘텐츠 댓글과 라이브 방송의 채팅, 출처 : 유튜브 채널 〈비디터viditor〉

---

10 라포(Rapport) : 신뢰와 친근감으로 이루어진 인간관계를 뜻합니다. 타인의 감정, 사고, 경험을 이해할 수 있는 공감대 형성을 통해 이루어집니다.

나에게 맞는 라이브커머스는?

 유형별로 구분한 라이브커머스 플랫폼 ▶

빠르게 성장하고 있는 한국 라이브커머스 시장에 맞추어 라이브커머스 플랫폼 또한 지속적으로 늘어나고 있습니다. 위메프와 같은 소셜커머스가 우후죽순으로 생겨났던 10여 년 전과도 비슷한 상황입니다.

당시 소셜커머스를 표방하며 생겨난 플랫폼은 수십 개에 달했습니다. 저마다의 콘셉트와 거래 방식, 차별화 전략을 가지고 시장의 성장에 대응했죠. 라이브커머스 또한 마찬가지로 국내에서의 라이브커머스 최적 모델을 찾아가며 플랫폼별로 서비스를 고도화해나가고 있습니다.

이러한 상황 가운데 밴더사(상품 공급업체) 혹은 커머스 크리에이터가 될 우리는 각각의 라이브커머스 채널들이 어떤 유형이고, 우리 각자에게 최적의 유통 채널은 어디인지를 판단해야 합니다.

	오픈마켓 모델		커머스 인플루언서 모델	
개방형	쇼핑 LIVE 네이버 쇼핑라이브	카카오쇼핑 LIVE 카카오 쇼핑라이브	Grip 그립	coupang live 쿠팡라이브
	LiVE11 11번가 LIVE11	VOGO 보고플레이		
폐쇄형	TV홈쇼핑 모델		백화점브랜드&독립 모델	
	G LiVE G마켓 G-LIVE	인터파크 LIVE 인터파크 라이브	SSG LiVE SSG.COM 쓱라이브	ON LIVE 롯데온 온라인
			쇼라LIVE 현대Hmall 쇼라LIVE	sauce 소스라이브(솔루션)
			LIVE24 LIVE24(솔루션)	

유형에 따른 라이브커머스 플랫폼 분류

오픈마켓 모델

오픈마켓 모델은 가장 대표적인 라이브커머스 유형입니다. 네이버 쇼핑라이브를 비롯해 카카오 쇼핑라이브와 같은 플랫폼을 오픈마켓 모델 라이브커머스로 구분할 수 있습니다. 오픈마켓 모델 플랫폼은 11번가, G마켓 등의 오픈마켓과 같이 판매자와 소비자를 연결하는 중개의 역할에 집중합니다. 판매할 상품이나 방송 내용을 사전에 승인받지 않아도 되며, 진행자 선정에 있어서도 큰 제약없이 판매자의 임의대로 결정할 수 있습니다. 입점 절차를 거치고, 일정 수준의 방송 조건(예: 네이버의 경우 스마트스토어 새싹등급 이상)만 충족한다면 시간과 공간의 제약 없이 상품을 판매할 수 있습니다.

오픈마켓 모델 플랫폼들은 상품 판매자에게는 라이브 방송 기능과 상품 운영(상품 등록, 배송, 정산 시스템 등) 솔루션을, 상품을 사고자 하는 소비자에게는 상품의 다양성, 검색 기능, 상품 추천 기능을 제공합니다. 말 그대로 라이브커머스에 특화된 오픈마켓입니다.

오픈마켓 모델의 대표 플랫폼, 네이버 쇼핑라이브

커머스 인플루언서 모델

다음 유형은 커머스 인플루언서 모델입니다. 인스타그램과 같은 SNS에서 팔로워들의 라이프, 소비, 사고방식 등에 영향력을 끼치는 사람을 인플루언서라고 하죠. 그립, 쿠팡라이브 등이 커머스 인플루언서 유형에 속합니다. 해당 플랫폼들에는 라이브 방송 판매를 대행하는 전담 판매자가 있습니다. 이들은 일정 절차를 거쳐 선정된 판매자들입니다. 상품을 공급받아 라이브 방송 판매 활동을 하고 싶은 사람이라면 누구나 지원할 수 있습니다.

커머스 인플루언서 모델 플랫폼은 판매자들에게 단순히 방송 진행자로서의 역할만 부여하는 것이 아니라 진행자 전용 개인 페이지를 제공합니다. 더불어 팔로우 기능을 통해 진행자가 인플루언서로 성장할 수 있는 기회를 제공합니다. 커머스 인플루언서 모델 플랫폼에서 진행자는 특히 소비(커머스) 시점으로 상품에 대한 정보를 제공하며, 신뢰를 쌓아 팬을 만드는 동시에 판매를 일으키는 상업적 인플루언서입니다.

팬이 확보된 인플루언서를 양성함으로써 트래픽 증가, 충성도와 재구매율 증가, 나아가서는

커머스 인플루언서의 방송 및 개인 페이지

이를 기반으로 한 공급업체의 확보까지도 기대해볼 수 있습니다. 라이브커머스를 진행하고자 하는 기존 온라인 유통업체들이 가장 어려워하는 라이브 방송 준비를 커머스 인플루언서에게 위임함으로써 새로운 유통 방식을 활용할 수 있습니다.

한국보다 앞서 라이브커머스가 자리를 잡은 중국의 경우, 타오바오, 모구지에 등 기존 이커머스 플랫폼에 라이브커머스 기능을 추가한 플랫폼 중 상당수가 판매를 대행했습니다. 그 과정에서 개인 브랜드로 성장한 왕홍이 해당 시장의 성장을 견인하는 데 중요한 역할을 했습니다.

여러분이 1년에 수백억의 매출을 만드는, 걸어 다니는 중소기업인 한국판 왕홍이 되지 말라는 법은 없습니다. 여러분들도 커머스 인플루언서 모델 플랫폼에서 얼마든 커머스 인플루언서에 도전해볼 수 있습니다.

TV홈쇼핑 모델

TV 채널을 돌리다 보면 으레 나오는 TV홈쇼핑에 우리는 익숙해져 있습니다. 인터파크 라이브, G마켓 G-LIVE 등이 대표적인 TV홈쇼핑 모델 플랫폼입니다. 해당 플랫폼의 라이브 방송을 보고 있으면 마치 TV홈쇼핑을 보고 있는 듯한 느낌이 듭니다. 시간대별로 방송 스케줄이

미리 확정되는 편성 과정을 거치는 것은 기본이고, 방송 진행 내용도 수준급입니다. 전문적으로 훈련된 쇼호스트를 비롯해 완성도 있는 공간과 상품 디스플레이, 탄탄한 내용 구성까지 TV 홈쇼핑을 방불케 합니다.

특히 TV홈쇼핑 모델 플랫폼들은 방송을 기획, 촬영, 송출하는 전담팀을 따로 구성해 완성도 있는 방송을 진행합니다. 물론 공급업체가 자체적으로 방송 진행 역량을 갖추었거나 별도의 외주 제작업체를 통해 진행하는 경우도 있습니다. 이처럼 플랫폼에 따라, 상황에 따라 달라질 수 있으므로 방송 기획 단계부터 담당 MD와의 충분한 협의가 필요합니다.

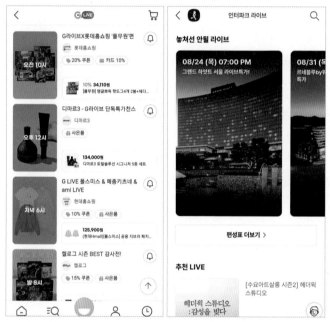

TV홈쇼핑 모델 대표 플랫폼, G-LIVE, 인터파크 라이브

TV홈쇼핑 모델 플랫폼은 중형 이상의 공급사 및 유통사를 이용한다는 특징이 있습니다. 이들은 최소 수백만 원의 진행 비용과 별도의 수수료를 감당할 수 있으며, 짧은 시간 내에 판매된 물량을 처리할 수 있는 재고와 물류 시스템을 보유하고 있습니다. 이로 인해 이들 공급사 및 브랜드사는 플랫폼을 통한 판매 형태의 이점을 최대한 활용할 수 있습니다. 또한 매출목표 달성 여부와 상관없이 일반 매스미디어 광고에 비해 저렴한 비용으로 영상을 노출할 수 있는 서비스를 제공합니다. 이는 공급업체들에게 효율적인 광고 수단으로 작용합니다.

기존의 TV홈쇼핑은 4050 여성을 중심으로 한 특정 고객층에만 초점을 맞추고 있었습니다. 하지만 라이브커머스는 카카오, G마켓, 티몬 등의 기존 플랫폼 이용자인 20대부터 40대까지 판매 대상을 확장할 수 있어 더 효과적입니다. 라이브커머스는 모바일을 기반으로 이루어지며, 소비자들이 기존에 이용하던 플랫폼에서 자연스럽게 노출되고 있어 MZ세대가 거부감 없이 받아들일 수 있습니다. 라이브커머스는 신흥 소비세력으로 인정받는 MZ세대에게 점차 주목받고 있습니다.

백화점브랜드&독립 모델

자사몰 혹은 브랜드몰을 중심으로, 자체적으로 라이브커머스를 진행하는 백화점브랜드&독립 모델 플랫폼이 있습니다. 대표적으로 롯데 온라이브, SSG.COM의 쓱라이브와 같은 대형 유통사의 온라인몰에 라이브커머스 서비스를 개설하는 방식입니다. 혹은 임대몰 서비스 공급자인 카페24의 LIVE24(개별 유료 서비스)를 활용하거나 중소형 업체의 브랜드몰에서 자체적으로 라이브커머스를 운영하는 방식도 있습니다.

백화점브랜드&독립 모델 대표 플랫폼, 롯데 온라이브, 쓱라이브

롯데와 같은 대형 유통사의 경우에는 기존 온오프라인 입점사들의 새로운 유통 채널을 확보하기 위해 라이브커머스를 운영합니다. 독립 쇼핑몰이나 브랜드사의 경우에는 브랜딩을 유지하는 동시에 구매전환율을 높이기 위해 개별 브랜드몰에서 독립적으로 라이브커머스를 진행합니다. 패션 아이템을 중심으로 진행하는 무신사 라이브 또한 카테고리 킬러 형태의 백화점브랜드&독립 모델 라이브커머스라고 할 수 있습니다.

다음은 라이브커머스 서비스 운영 방식과 진행 조건 등을 유형별로 구분한 종합 비교표입니다. 개별 플랫폼들이 어떤 특징들을 가졌고, 어떻게 접근해야 할지 종합적으로 판단해서 어떤 플랫폼에 집중할지 결정해봅시다.

라이브커머스 플랫폼 한눈에 비교하기

구분	오픈마켓 모델		커머스 인플루언서 모델	
	쇼핑 LIVE 네이버 쇼핑라이브	카카오쇼핑 LIVE 카카오 쇼핑라이브	Grip 그립	coupang live 쿠팡 라이브
한 문장 요약	이커머스 강자의 라이브커머스	카카오 왕국의 홈쇼핑 채널	라이브커머스 전문 플랫폼	뷰티로 시작하는 한국판 왕홍
론칭	2020년 3월	2020년 10월	2019년 2월	2021년 3월
주요 타겟	2040 여성	2030 여성	2040 여성	3040 여성
접속 경로	네이버쇼핑	• 카카오쇼핑 • 카카오TV • 라이브채널	그립 앱	쿠팡 앱
입점 및 진행	• 스마트스토어(새싹 등급 이상) • 윈도 입점 업체 직접 진행	카카오톡 스토어 입점 업체 직접 진행	• 그리퍼(판매 전담) • 밴더(상품 공급&판매)	• 크리에이터(판매 전담) • 밴더(상품 공급만)
촬영 장비	• 스마트폰(방송 전용 앱) • DSLR 등 전문장비(프리즘 앱 및 스위처 사용)	• 스마트폰(방송 전용 앱) • DSLR 등 전문장비	스마트폰(방송 전용 앱)	스마트폰(방송 전용 앱)

구분	오픈마켓 모델		커머스 인플루언서 모델	
	쇼핑 LIVE 네이버 쇼핑라이브	카카오쇼핑 LIVE 카카오 쇼핑라이브	Grip 그립	coupang live 쿠팡 라이브
내용	• 오픈라이브(자율) • 기획라이브(제휴신청)	카카오 직접 진행	• 그리퍼(판매 전담) • 입점(직접 판매 방송)	크리에이터 : 밴더 상품 판매 대행

특징	• 네이버 기존 고객 흡수
	• 기존 스마트스토어와
	  연동
	• 안정적인 송출
		• 셀럽, 인플루언서, 대형사
		  중심 진행
		• 기존 서비스(선물하기 등)
		  시너지
		• 익숙한 UI/UX
			• 그리퍼 통해 판매 대행
			• 독립몰 방송 솔루션 제공
				• 뷰티 제품을 중심으로
				  파일럿
				• 순차적으로 상품군 확장
				  중

수수료	• 오픈라이브 6~7%(매
	  출 3%~결제수수료 최
	  대 3.63%)
	• 쇼핑 라이브 캘린더
	  8~12%(매출 5%+결
	  제수수료 최대 3.63%)
		10~30%(추정치)	• 그리퍼(진행자) : 5~
			  20%
			• 밴더: 기본수수료 9%+
			  방송수수료 3%=12%
				• 크리에이터 수수료 건별
				  로 협의
				• 밴더(상품공급)
				  – 오픈마켓 카테고리별
				    5~11%
				  – 로켓 완사입 or 위탁
				    20~45%

기타	• 회원 수 4,200만 명
	  (2019년)
	• MAU 3,016만 명
	  (2020년 7월, 포털)
		• 회원 수 4,442만 명
		  (2019년)
		• MAU 3,559만 명
		  (2020년 7월, 메신저)
			누적 다운로드
			120만여 회
				MAU 1,791만 명
				(2020년 12월)

라이브커머스 주요 플랫폼 특징 비교

 나에게 맞는 라이브커머스 플랫폼 살펴보기 ▶

이커머스 강자의 라이브커머스, 네이버 쇼핑라이브

네이버는 국내 1등 포털인 동시에 20조 원이라는 이커머스 거래액을 단 5년 만에 달성한 명실상부 이커머스 최강자입니다. 그런 네이버에서 2020년 3월 네이버 쇼핑라이브를 론칭했습니다. 네이버 쇼핑라이브는 누구나 방송 시간과 기획 방향에 제약 없이 자유롭게 상품을 판매할 수 있는 중개 형태의 라이브커머스라는 것이 가장 큰 특징입니다.

물론 방송을 할 수 있는 자격 조건이 전혀 없는 것은 아닙니다. 론칭 이후 약 1년 반 동안에는 라이브 방송 조건을 스마트스토어 파워 등급 이상, 윈도 입점 업체로 한정했습니다. 그러다 2021년 5월, 스마트스토어 새싹 등급 이상, 윈도 입점 업체로 허들을 낮췄습니다. 이는 솔루션 기능과 안전성을 확보하고, 방송 진행 업체들의 콘텐츠와 매출의 상향 평준화가 이루어진 이후에 순차적으로 문턱을 낮춘 것으로 풀이됩니다. 네이버 라이브커머스 전체 거래액의 약 85%가 중소상공인의 매출로 집계되고 있는 것도 같은 맥락으로 이해할 수 있습니다.

네이버 쇼핑라이브는 오픈라이브와 기획라이브로 구분돼 있습니다. 오픈라이브는 누구나 시간의 제약과 방송 비용 부담 없이(단, 판매수수료는 별도) 진행할 수 있는 방송인 반면, 기획라이브는 MD와 충분한 사전협의가 필요합니다.

오픈라이브의 경우 제약을 받지 않기 때문에 반복적으로 방송을 진행함으로써 중소상공인과 크리에이터가 팬을 확보하고 상품을 판매하기에 유리하다는 장점을 가지고 있습니다. 게다가 네이버 쇼핑라이브 화면에 별도의 광고 영역이 존재하지 않기 때문에 방송 피크 시간대를 피하면 광고 하나 없이 쇼핑라이브 첫 페이지에 나의 라이브 방송을 내보낼 수 있습니다. 그러다 점점 거래액과 트래픽이 일정 수준 이상으로 늘면 상위노출 광고 상품을 구매해야 합니다. 따라서 초기에 시장을 선점해 광고 비용 없이 자리를 잡는 것이 중요합니다.

기획라이브의 경우에는 네이버 모바일 메인화면과 쇼핑라이브 랜딩화면에 우선 노출돼 1등 포털의 트래픽을 직접 받는다는 점에서 너무나도 매력적인 영역입니다. 다만 이 영역에 들어가기 위해서는 해당 자리를 소화할 수 있다는 증거가 필요합니다. 이 영역에서 상품을 판매할 수 있는 업체는 기획라이브 제휴 지원 업체의 평가를 받게 됩니다. 일정 수준 이상의 방송 퀄리티를 갖추었는지, 1회 1시간 방송에서 해당 상품 기획이 최소 수천만 원의 매출을 낼 수 있는지, 주문 상품을 1~2일 혹은 약정된 배송 일정 내에 소화해낼 수 있는지 등을 확인받아야 합니다.

일반적으로 동일한 판매 방법을 활용했던 과거의 판매실적을 확인합니다. 타 업체에서 진행한 실적보다는 5회 이상 네이버 오픈라이브의 실적을 더 신뢰합니다. 해당 실적은 업체 선정에도 반영됩니다. 일정 수준의 규모를 갖춘 업체라면 네이버 오픈라이브로 여러 번 테스트 방송을 진행하면서 상품 기획이나 연출 등의 진행력을 다져나가야 합니다. 이후 기획라이브에 도전해 네이버 트래픽을 활용할 기회를 잡아야 합니다.

오픈라이브의 수수료는 6~7%(매출의 3%+결제수수료 최대 3.63%), 쇼핑라이브 캘린더와 같은 기획라이브 수수료는 8~12%(매출의 5%+결제수수료 최대 3.63%)입니다. 이처럼 네이버 쇼핑라이브의 수수료는 통상적인 업계수수료에 비해 낮기 때문에 소상공인들이 접근하기에 좋은 채널로 평가되고 있습니다.

고객 접속 방법 : 네이버 쇼핑라이브 웹사이트
https://shoppinglive.naver.com

관리자 접속 방법 : 네이버 스마트스토어센터 또는 네이버 쇼핑라이브 앱
https://sell.smartstore.naver.com

라이브커머스 전문 플랫폼, 그립

2019년 2월, 그립은 '2030을 위한 라이브커머스 플랫폼'이라는 캐치프레이즈를 걸고 출발했습니다. 다른 대부분의 라이브커머스가 네이버, 쿠팡, 11번가와 같이 기존 이커머스 서비스에 라이브커머스 기능을 추가하는 형태였다면, 그립은 처음부터 라이브커머스 전용 플랫폼으로 기획됐다는 특징을 가지고 있습니다. 네이버에서 스노우, 잼라이브와 같은 미디어 서비스들을 경험했던 그립의 초기 멤버들은 영상 콘텐츠를 직접 만들고 소비하는 MZ세대에 대한 이해도가 높았습니다. 그리고 라이브커머스를 통한 기회를 발견해 지금의 그립을 설립했습니다.[11]

특히 주목할 점은 그립이 중국의 왕홍과 같은 커머스 인플루언서 모델을 적용한 동시에 소기의 성과를 낸 첫 사례라는 점입니다. 몇 년 전에 이미 커머스 인플루언서를 포함한 라이브커머스 플랫폼이 여러 차례 시도됐지만, 현재는 사라지거나 그저 존재감만 유지하고 있는 상황입니다. 그렇기에 '그리퍼'를 주 모델로 한 그립이 시장에서 성공적으로 자리를 잡은 것은 커

---

11 최민영, "'그립' 김한나가 애초에 그렸던 라이브커머스의 모습은?", 한겨레, 2021년 1월 13일, https://www.hani.co.kr/arti/economy/it/978468.html

머스 인플루언서로 성장하고자 하는 개인들에게는 희소식이었습니다. 유상무, 문천식 등의 연예인과 셀럽들이 그리퍼로 활동하며 1회 방송으로 억 단위의 매출을 올린 사례가 바로 그 예입니다.

그립의 크리에이터 중심의 성장 정책은 그립 앱의 랜딩화면 구성에서도 흔적을 찾아볼 수 있습니다. 자신이 팔로우한 그리퍼의 방송만 모아 놓은 '내 팔로잉' 탭, 신인 그리퍼들의 방송을 모아 놓고 노출의 기회를 주는 '신인' 탭, 연예인 등 유명인 그리퍼의 방송을 모아 놓은 '셀럽' 탭 등 크리에이터 중심의 메뉴들이 아이템이나 기획전에 앞서 우선적으로 노출됩니다. 각 그리퍼마다 개인 페이지가 별도로 제공되기 때문에 특정 그리퍼가 진행한 방송들을 한 곳에서 확인할 수도 있습니다. 인스타그램처럼 팔로워, 팔로잉 기능이 마련되어 있기 때문에 자신이 팔로우하는 그리퍼의 방송 예고 알람을 미리 받을 수도 있습니다.

이와 같은 그립의 운영 방향성은 네이버 쇼핑라이브처럼 스토어 중심으로 운영되는 다른 플랫폼과 확연히 다릅니다. 판매 대행을 전문적으로 하는 커머스 인플루언서가 목표라면 예비 커머스 인플루언서들의 무대를 만들어주는 그립에 도전해보기를 제안합니다.

그립은 두 가지 형태로 참여할 수 있습니다. 판매를 전담으로 하는 그리퍼와 상품 공급 및 판매를 동시에 할 수 있는 입점사입니다. 상품 공급뿐만 아니라 공급사의 방송 참여에 대한 기회까지 열려 있는 오픈형 참여 구조를 갖추고 있는 셈입니다. 방송을 진행하는 그리퍼에게는 5~20%의 판매대행 수수료를 협의할 수 있고, 상품 공급 및 자체 진행의 경우에는 12%(기본 수수료 9%+방송수수료 3%)의 수수료가 부과됩니다.

고객 접속 방법 : 그립 앱

관리자 접속 방법 : 그립 웹사이트
https://seller.grip.show/login

뷰티로 시작하는 한국판 왕홍, 쿠팡라이브

2021년 3월, 쿠팡라이브는 한국판 왕홍 생태계를 구축한다는 방향성을 가지고, 뷰티 아이템을 주력으로 파일럿을 시작했습니다. 방송 대행 판매를 전담으로 진행하는 크리에이터에게 로켓배송의 상품을 제안하는 '라이브 오퍼', 판매자(밴더)가 크리에이터에게 라이브 방송을 요청하는 '크리에이터 마켓플레이스 오퍼' 두 가지 형태로 진행됩니다. 두 가지 모두 쿠팡에 의해 승인된 크리에이터를 중심으로 방송을 진행한다는 특징이 있습니다.

그렇다면 어떤 사람이 크리에이터가 될 수 있을까요? 방송 경험이 전혀 없는 일반인도 크리에이터로 활동할 수 있습니다. 특히 상품 기획과 물량 확보, 배송과 CS까지의 모든 과정을 밴더사에서, 혹은 쿠팡에서 자체적으로 수행하기 때문에 크리에이터는 판매에만 집중하면 됩니다. 라이브커머스를 통해 상품을 팔고자 했던 판매자라면 부담 없이 판매 활동에 도전해볼 수 있습니다. 이는 쿠팡이나 밴더사가 판매를 촉진하는 분업화의 관점으로 쿠팡라이브를 바라보고 있기에 가능한 일입니다. 게다가 5%로 제한돼 있던 크리에이터의 방송 판매수수료가 2021년 8월 18일을 기점으로 협의를 통해 자유롭게 설정할 수 있게 돼 크리에이터의 판매 활동이 더욱 활기를 띠게 됐습니다.

크리에이터 프로필 및 주차별 랭킹에 따른 인센티브

쿠팡라이브는 커머스 인플루언서가 성장하기 위한 구조적인 환경을 갖추었습니다. 크리에이터 전용 프로필과 방송 리스트를 제공하며, 팔로우 기능을 통해 해당 크리에이터의 방송을 모아보거나 미리 알람을 받을 수 있도록 했습니다. 매주 라이브 판매 수량, 라이브 구매전환율, 라이브 시청 시간 각각의 지표에서 TOP20 랭킹을 발표하고, 2022년까지는 순위에 따라 10~300만 원의 인센티브를 제공했습니다. 이를 통해 쿠팡이 얼마나 쿠팡라이브에 공을 들였는지 확인할 수 있습니다.

앞으로 쿠팡라이브는 지속적으로 파일럿을 진행하면서 아이템을 확장하고, 공급 시스템과 라이브커머스 솔루션 기능을 업그레이드하는 등 다양한 변화가 이루어질 것입니다. 크리에이터를 중심으로 큰 가닥을 잡아가고 있기 때문에 라이브 방송에 도전해보고 싶은 판매자들에게는 쿠팡라이브 역시 기회의 장이라 할 수 있습니다.

고객 접속 방법 : 쿠팡 앱

관리자 접속 방법 :
– 크리에이터 : 쿠팡 앱 '라이브 크리에이터'
– 밴더 : 쿠팡Wing
https://wing.coupang.com/login

'카카오 왕국'의 홈쇼핑 채널, 카카오 쇼핑라이브

카카오는 대한민국에서 가장 많은 회원 수를 보유하고 있는 메신저입니다. 무려 전 국민의 94.4%에 해당하는 압도적인 점유율을 자랑합니다. 대한민국에서 1등 멤버십을 가지고 있는 카카오는 2020년 10월에 '카카오 쇼핑라이브'라는 완성도 높은 라이브커머스를 홈쇼핑 수준으로 선보였습니다.

이전에 카카오 이커머스는 카카오톡 선물하기 기능을 중심으로 약진해왔습니다. 라이브커머스에서도 카카오는 네이버와 직접적인 경쟁을 피하고 다른 방향을 선택했죠. 누구나 일정한 조건만 충족하면 방송 판매를 할 수 있도록 허용하는 네이버 쇼핑라이브와는 달리, 카카오는 철저하게 완성도 높은 방송을 제공합니다. 실제로 라이브 방송을 시청해보면 홈쇼핑을 보는 것과 차이가 느껴지지 않을 정도로 완성도가 높습니다.

특히 카카오는 MD와 업체 간의 사전 상품 및 방송 기획, 최종 승인까지 완벽한 진행이 이루어지고 있습니다. 지정된 스튜디오에서 직접 라이브 방송을 제작해 일정 수준 이상의 퀄리티를 제공하죠. 또한 카카오톡, 카카오TV, 카카오 선물하기 등 카카오의 핵심 서비스 트래픽을 방송 시간에 맞추어 집중시킵니다. 한 시간 내외의 짧은 방송 시간 동안 높은 매출을 기록할 수 있는 이유입니다.

카카오는 카카오톡 앱 내에서 쉽게 라이브 방송을 진행할 수 있도록 매우 익숙한 UI/UX를 제공하며, 라이브커머스가 원활히 작동하기 위한 조건을 상당 부분 갖추고 있습니다. 하루에 3~5개 정도로 한정된 방송 편성 내에서 판매 효율을 극대화하기 위해 인플루언서 진행자를 확보하고, 대형 상품 공급사와 협업해 방송마다 규모 있는 판매를 진행합니다.

물론 다른 플랫폼과 비교했을 때 상대적으로 높은 방송 퀄리티와 매출 규모만큼이나 상당한 수수료(10~30%)를 지불해야 한다는 단점이 있습니다. 그러나 수수료를 지불할 수 있고 대량의 상품을 공급할 수 있는 대형 브랜드사라면 카카오 쇼핑라이브는 거절할 이유가 없는 매력적인 채널로 평가됩니다.

고객 접속 방법 : 카카오톡 앱 '카카오쇼핑', '카카오TV', '라이브채널'

관리자 접속 방법 : 카카오 쇼핑 판매자센터
https://comm-auth-web.kakao.com

중대형 판매자의 매출 극대화 전문관, 11번가 LIVE11

오픈마켓 시작부터 10조 원 이상의 거래액을 기록한 11번가는 중대형사 상품 공급사들이 라이브커머스를 운영할 수 있는 최적의 구조를 LIVE11로 구현했습니다. 2020년 6월에 론칭된 LIVE11은 매일 주제가 바뀌는 '데일리 테마' 포맷을 통해 기존 11번가의 중대형 판매자뿐만 아니라 대규모 소비자를 한번에 소화할 수 있는 중대형 공급업체들을 주 타깃으로 삼았습니다.

LIVE11은 인플루언서 수준의 진행자, 촬영 전문가의 직접 촬영, 아이템에 맞는 스튜디오와 VMD구성, 전담팀을 꾸려 TV홈쇼핑에 버금가는 수준의 방송을 제공합니다. 그럼에도 상품 판매 공급사가 직접 라이브 방송을 진행하는 경우에 비해 제작비용에서 경쟁력이 있습니다. 이는 업체들이 LIVE11을 선호하는 이유 중 하나입니다.

LIVE11은 사전 상품 기획력과 11번가의 주요 계열사, 협업사의 유산을 활용한 대규모 방송 노출을 통해 기록적인 매출을 달성할 수 있도록 설계했습니다. 특히 11번가의 기존 트래픽뿐만 아니라 EMCG[12] 매체 광고를 통해 단일 방송에 10~30만 명의 강력한 소비자 집객 파워를 만들어냅니다. 2021년 8월에 진행된 '갤럭시Z3' 예약 판매 방송에서는 단 두 시간 동안 95억 원 이상의 판매고를 올린 성과를 거두며 다시 한번 소비자 집객 파워의 효과를 입증했습니다.

오프라인을 포함해 어떤 플랫폼이든 상관없이 일정 기간 동안 의미 있는 판매실적을 올린 유통업체나 대량의 상품 공급이 가능한 제조업체라면 LIVE11을 적극 활용해야 합니다. 라이브 방송 제작에 있어 전폭적인 지원을 받을 수 있으며, 연관 네트워크의 트래픽을 활용해 규모화된 거래액을 달성할 수 있기 때문입니다. LIVE11은 2023년 1월을 기점으로 소상공인 누구나 라이브 방송을 할 수 있도록 순차적으로 확대 중입니다.

고객 접속 방법 : 11번가 웹사이트 또는 앱

관리자 접속 방법 : 11번가 셀러오피스
https://soffice.11st.co.kr

---

12 EMCG : 메이저 포인트(OK캐쉬백 등), 멤버십(CJ ONE, 시럽월렛 등), 통신사(T멤버십, SKT, KT후후 등) 등의 광고 매체와의 사업 제휴를 통해 콘텐츠 기반 광고를 진행하는 미디어 믹스(Media mix) 광고 상품을 일컫습니다.

라이브커머스
마케팅 전략

라이브 방송의 시청자가 유입되지 않으면 진행자는 지속적으로 방송을 이어가기 어려워집니다. 그렇다면 어떻게 시청자를 확보할 수 있을까요? 이 파트에서는 매혹적인 인트로와 섬네일, 내외부 채널 홍보와 광고를 통한 빅팬(Big fan) 선순환 고리 형성, 라이브 방송 플랫폼들의 시청자 활용 등을 통해 시청자를 확보하고 매출을 올리는 방법을 살펴봅니다. 더불어 경쟁사의 라이브 방송 매출 추정 방법을 기반으로 우리 방송의 홍보 및 매출 전략을 함께 수립해봅니다.

LIVE CHAPTER 01

미리 결정하는
오늘의 매출목표

 매출 구조 이해하기

은아 씨는 오프라인 의류 매장을 운영하면서 네이버 소호&스트릿에서만 옷을 판매해왔다. 그러다 처음으로 라이브커머스에 도전해보기 위해 방송 일정을 잡았다. 라이브 방송 기능을 하나하나 익히며 겨우 예약을 마치고, 스마트폰 앞에서 매일 연습했다. 난생처음 하는 방송이다 보니 많은 것이 낯설었지만 함께 일하는 직원들의 피드백과 응원을 받으며 연습하니 조금씩 자신감도 붙었다. 첫 방송일에는 여러 차례 말도 더듬고 무슨 말을 해야 할지 몰라 난감한 순간도 많았다. 그렇게 라이브 방송을 시작한 지 한 달쯤 지나니 이제는 스마트폰을 보며 라이브 방송을 진행하는 게 자연스러워졌다.

그런데 요즘 고민이 생겼다. 방송에는 금세 익숙해졌는데 시청자가 50여 명에서 더 늘지 않고 채팅방도 늘 조용했기 때문이다. 게다가 판매실적 또한 기존 소호&스트릿 판매액과 비교했을 때 처참한 수준이었다. 방송 준비에 많은 시간과 에너지를 쓰고, 파격적인 할인까지 하는데 도대체 매출은 왜 이렇게 저조한 걸까?

라이브커머스 방송의 목표는 다름 아닌 판매, 즉 '매출'입니다. 이는 TV홈쇼핑의 목표와도 동일합니다. 물론 TV홈쇼핑과 달리 라이브커머스는 소통을 기반으로 하며 콘텐츠 안에서 시간을 보내게 한다는 차이점이 있습니다. 하지만 라이브커머스의 가장 큰 목표 역시 매출임은 분명합니다.

노출 수	×	입점율	×	구매전환율	×	객단가	=	매출
10,000명		10% (1,000명)		10% (100명)		2만 원		200만 원

구매전환 수	×	재방문 구매율	×	객단가			=	추가매출
100명		30%		2만 원				60만 원

- 노출 수 : 내 상품이 노출된 횟수
- 입점율 : 노출된 횟수 대비 클릭해서 방문한 비율
  예) 노출된 1천 명 중 100명이 클릭해서 입점했다면 입점율은 10%
- 구매전환율 : 입점한 고객 수 대비 결제한 고객의 비율
  예) 방문 고객 100명 중 5명이 구매했을 경우 구매전환율 5%
- 객단가 : 결제한 상품의 평균 판매가액
  예) A는 1만 원, B는 2만 원, C는 3만 원어치 구매했다면 (1+2+3)/3명=2만 원
- 구매전환 수 : 실제 상품을 구매한 횟수
- 재방문 구매율 : 과거 구매자 중 재방문해 다시 구매한 비율
  예) 과거 구매자 100명 중 15명이 재구매했다면 재방문 구매율 15%

라이브커머스 매출 공식과 사례

그렇다면 가성비 좋은 상품도 준비하고, 방송에도 능숙해진 은아 씨의 라이브 방송에서는 왜 매출이 잘 나오지 않는 걸까요?

먼저 매출 구조에 대한 이해가 필요합니다. 한번 생각해 볼까요? 우리 가게 앞에 지나가는 사람이 모두 가게에 들어오지는 않고, 들어와서 상품을 구경한다고 해도 반드시 물건을 구입하지는 않습니다. 온라인도 마찬가지입니다. 라이브 방송에서 상품을 판매한다는 이유만으로 매출이 보장되지는 않는다는 이야기입니다. 그렇기에 방송 플랫폼에서 우리 콘텐츠의 노출을 늘려 기존 고객을 참여시키면서도 신규 시청자의 유입을 늘려야 합니다.

이렇게 유입된 신규 고객을 통해 일정의 구매전환율과 객단가를 달성해야 합니다. 가령 1만

명에게 방송이 노출되고 그중 10%인 1천 명이 방송을 시청, 그중 10%(구매전환율)인 100명이 각각 2만 원씩 구매한다면 오늘 방송의 매출은 200만 원이 되는 식입니다.

그렇다면 매출목표를 어느 정도로 잡는 것이 적절할까요? 당연히 기존 매출보다 높은 목표를 설정하고 실제로 달성하는 것이 가장 좋겠지만, 현실성이 떨어지는 무리한 목표는 오히려 목표 세우는 작업을 의미 없게 만듭니다. 매출목표를 설정하는 이유는 우리의 예산이나 재고, 기획력 등 한정된 자원을 효과적으로 사용함으로써 최대 매출을 얻기 위함임을 기억해야 합니다.

매출목표를 잡는 가장 현실적인 방법은 주 경쟁사의 라이브커머스 성과를 기준으로 벤치마킹하는 것입니다. 우리와 비슷한 상품을 판매하는 라이브커머스 판매자들을 성과에 따라 등급으로 분류하고, 가장 낮은 등급의 판매자부터 목표 달성의 기준으로 삼아 단계적으로 목표치를 상향해가는 것입니다. 예를 들어 '1천 명 이하의 시청자, 구매전환율 5%, 객단가 2만 원 수준'을 1차 목표로 시작해 '1만 명 내외의 시청자, 구매전환율 15%, 객단가 5만 원 수준'을 최종목표로 삼아 1단계부터 하나씩 달성해나가는 식입니다.

경쟁사 매출 예측하기

그렇다면 경쟁사의 매출은 어떻게 알아낼 수 있을까요? 네이버 쇼핑라이브나 그립의 경우 11번가 쇼핑딜이나 위메프의 딜과는 다르게 판매량을 보여주지 않기 때문에 후기 수를 역산해 판매량을 추정해야 합니다. 일반적으로 라이브커머스 방송의 경우 방송 당일을 포함해 1~2일 동안의 방송 효과가 판매량에 영향을 줍니다. 누적 시청자 수는 방송 완료 2일차, 후기 수는 배송이 완료된 3~4일차부터 최대 1주일 내에 확인하는 것이 가장 정확도가 높다고 할 수 있습니다.

후기 수 역산을 통한 판매량 추정 방법은 다음과 같습니다. 우선 방송에서 판매되는 상품의 3~4일째 후기 수에서 방송 당일의 후기 수를 뺀 후 평균 후기율로 나눠주면 됩니다. 아이템이나 타깃에 따라 차이가 있지만 일반적인 이커머스 후기율은 30% 내외 정도이며, 이를 적용하면 대강의 판매량을 추산할 수 있습니다. 물론 연령대가 낮은 여성일수록 후기율이 높아지고, 연령대가 높은 남성일수록 후기율이 낮아지는 등의 타깃별 특징을 알아두면 정확도를 높일 수

누적 시청자 수 확인 방법, 후기 수 확인 방법

---

1. 시청자 뷰 : 방송 1~2일 후 쇼핑라이브 다시보기를 통해 누적 시청자 수 확인 가능

2. 후기 수 역산을 통한 판매량 추정

    (①3~4일째 후기 수 − ②방송 당일 후기 수)/③평균 후기율 = ④판매량

    예) (110 − 100)/30% = 33

    ※이때, 평균 후기율은 소비자나 아이템마다 차이가 있을 수 있으므로 자사의 동일 아이템 평균
    후기율을 적용하는 것이 좋습니다. 그래야 상대적으로 높은 적중률로 추정할 수 있습니다.

3. 추정된 판매량을 기준으로 구매전환율 계산

    (④판매량/⑤2일간 누적 시청자 수)×100 = ⑥구매전환율

    예) (33/300)×100 = 11%

있습니다. 판매량이 추산되면 구매전환율은 간단히 계산할 수 있습니다. 방송 판매량을 2일 간의 누적 시청자 수로 나눈 뒤 100을 곱해주면 구매전환율을 쉽게 구할 수 있습니다.

이렇게 경쟁사의 판매량을 추정함으로써 현재 우리의 방송은 어느 정도 수준인지 알아볼 수

있습니다. 단계적으로 어떤 영역을 늘려야 매출이 높아질지도 스스로 피드백해볼 수 있습니다. 만약 시청자 수가 부족하다면 어떻게 시청자 수를 늘려야 할지 고민해야 합니다. 구매전환율이 낮으면 어떤 점을 개선해야 할지 알아봐야 합니다. 객단가와 재구매율에 대한 접근도 같은 맥락상 고민해볼 필요가 있습니다.

보다 구체적으로 판매 계획을 수립하면 함께 준비해야 할 상품의 형태와 가격, 적절한 수량의 재고와 물류(택배) 방법들을 체계적으로 정리할 수 있어 더욱 안정적인 판매 활동이 가능해집니다. 따라서 경쟁사의 매출을 추정해 우리 업체의 매출목표를 설정하는 것은 단순한 관례가 아니라 매출목표를 달성하기 위한 구체적인 전략을 세우는 기준이 됩니다. 동시에 해당 목표를 가장 빠르게 달성할 수 있는 효과적인 방법입니다.

물론 일부 중견기업과 대기업의 경우에는 매출뿐만 아니라 시청자 수 확보에 더 집중하는 경우도 있습니다. 라이브커머스 플랫폼 랜딩화면에 방송이 노출돼 광고비 하나 쓰지 않고 3천 명~1만 명 정도의 시청자를 장시간 확보하게 되면, 그만큼의 홍보와 브랜딩 효과를 기대할 수 있기 때문입니다. 또한 소정의 광고 비용을 집행하는 경우에는 네이버 쇼핑라이브, OK캐쉬백, 시럽(11번가) 등의 연관 채널을 통해 5만 명 이상의 시청자 수를 즉각적으로 확보할 수 있기 때문에 노출 효과 관점에서 광고 효율성이 높습니다. 그렇기에 마케터들의 관심과 활용이 점점 늘어나고 있습니다.

TIP | **라이브커머스가 쉬워지는 실전 꿀팁!** 🔍

경쟁사 분석 플랫폼, 라방바데이터랩

라이브커머스의 데이터를 실시간으로 수집하는 플랫폼 '라방바데이터랩'을 통해 더 쉽게 경쟁사의 매출을 확인할 수 있습니다. 해당 사이트에서는 당해 라이브 방송에서 판매된 총 매출액과 판매량, 구매전환율을 볼 수 있습니다. 이를 통해 해당 방송이 우리 방송과 비교해보았을 때 얼마나 효율적이었는지 확인할 수 있습니다. 또한 방송 전의 조회 수를 통해 라이브 예약을 포함한 사전 홍보 활동이 얼마나 잘 이루어졌는지도 평가할 수 있습니다. 이처럼 라방바데이터랩은 경쟁사의 규모나 라이브 방송 채널의 활성화 정도를 확인할 수 있어 활용도가 높은 서비스입니다.

라방 랭킹 ⑦

72시간 동안 가장 매출액 높은 라이브방송

	방송정보	분류	방송시간	조회수	판매량⑦	매출액⑦	상품수
1		출산/육아	2022.04.14 11:00	4.21만	3,670	3.88억	14
2		디지털/가전	2022.04.14 20:00	5,706	324	2.74억	14
3		패션잡화	2022.04.14 20:00	3.08만	1,053	2.67억	7
4		디지털/가전	2022.04.11 21:00	106만	147	1.83억	8
5		출산/육아	2022.04.13 10:00	18.7만	2,660	1.31억	20
6		패션잡화	2022.04.14 20:00	2.35만	111	1.31억	30
7		디지털/가전	2022.04.13 20:00	46.5만	81	1.28억	7
8		출산/육아	2022.04.14 10:00	14.1만	1,642	1.27억	9
9		출산/육아	2022.04.14 12:00	7,429	1,185	1.22억	29
10		디지털/가전	2022.04.13 19:00	22.2만	332	1.05억	127

● **방송 분석**

업그레이드 신상위크 라이브

방송정보 페이지   ▶ 방송 다시보기

카테고리

출산/육아 📄 상세보고서 보기   출산/육아 > 기저귀 📄 상세보고서 보기

방송정보 ⑦	플랫폼 **네이버쇼핑LIVE**	방송일 **2022.04.14 (목)**	시간 **11:00 - 12:01**
참여지표 ⑦	방송조회수 **4.21만**	사전 조회수 **1.59만**	분당 평균 유입 **430**
구매지표 ⑦	총 매출액(원) **3.88억**	총판매수(건) **3,670**	전환율(%) **13.99**
경쟁지표 ⑦	조회수 **상위 3%**	매출 **상위 1%**	판매량 **상위 1%**

라이브 방송 랭킹과 방송 분석 페이지, 출처 : 라방바데이터랩

소셜커머스 위메프가 연간 3~4조 원대의 거래액으로 급격하게 성장한 근간에는 '딜(Deal)'이라는 판매 구조가 있습니다. 딜은 4시간, 12시간처럼 매우 짧은 시간 동안에만 한정적으로 진행되는데, 기존의 온오프라인에서는 볼 수 없었던 폭발적인 할인가격으로 인해 소비자들의 많은 관심을 받아 거래액이 급증했습니다.

대기업들은 딜을 이용해 이월 재고를 소진하거나, 자사의 상품을 대중적으로 홍보하는 마케팅 수단으로 딜을 활용했습니다. 중소기업이나 소상공인들은 마진을 줄여서 짧은 시간 안에 큰 매출을 올릴 수 있는 새로운 유통 방식으로 활용했습니다.

소셜커머스의 '딜' 진행 모습

'단돈 5천 원짜리 셔츠', '50% 할인된 밀키트', '1+1'과 같은 다양한 형태의 특가는 예상치 못한 쇼핑 욕구를 불러일으키고, 망설임 없이 상품을 구매할 수 있도록 만들었습니다. 특히 육아로 인해 외출이 불편한 육아맘들에게 소셜커머스는 가성비 좋은 상품을 집에서 편하게 구매할 수 있는 좋은 채널이 됐습니다. 지역 커뮤니티, 공동 육아 네트워크 사이에서 정보 공유 대상이 됐죠. 소셜커머스의 상품은 흔치 않은 파격적인 할인을 제공하기 때문에 '쟁여 두고 쓰는 아이템'으로 자리잡았습니다.

판매 시간이 한정되어 있고, 해당 시간 내에만 특가를 제공한다는 점에서 라이브 방송도 소셜커머스의 딜과 비슷합니다. 라이브 방송은 소비자와 실시간으로 소통할 수 있는 형태이기 때문에 더욱 대담하게 특가를 어필할 수 있고 구매를 유도할 수 있습니다. 또한 객단가가 2만 원 이하인 중저가 아이템에서는 충동구매를 유도할 수 있어 더욱 매력적입니다.

라이브 방송은 실시간으로 소비자들과 소통하며 상품을 시현할 수 있기 때문에 짧은 판매 시간에도 소비자에게 더 큰 영향을 미칩니다. 생생히 맛을 표현할 수 있는 식품이나 아름다운 영상을 보여줄 수 있는 여행 상품이 라이브커머스 초기부터 거래액을 주도한 것처럼 말입니다. 이후에는 패션, 인테리어, 가전 등 다른 판매 영역으로 확대되어 왔습니다.

여기에서 주목할 점은 비교적 높은 가격대의 상품들도 활발하게 판매되고 있다는 것입니다. 커머스 크리에이터가 직접 설명하고 시연하는 것은 중고가 상품 소비자들에게 유용한 조언자 역할을 합니다. 중고가의 가격대라 하더라도 한정된 시간 안에 제공되는 추가 할인 혜택은 소비자들의 구매 욕구를 자극합니다. 라이브 방송은 중고가 상품을 구매하기 전, 최종적으로 상품을 점검해주고 소비자들의 궁금증을 해결해줍니다. 동시에 최저가를 제공해 구매전환율을 높입니다.

소비자가 원하는 특별가격이란?

그렇다면 소비자들은 어떤 가격을 '특가'라고 느낄까요? 소비자들이 특가라고 느끼는 가격에는 여러 요소가 있습니다. 그중 하나는 바로 무료배송입니다. 온라인에서 상품을 주문할 때는 배송비를 고려해야만 합니다. 배송비를 누가 부담하는지는 소비자의 구매 결정에 영향을 미치죠. 이런 이유로 소셜커머스에서 MD와 협의할 때는 무료배송 제공이 가장 우선시되어야 할 요구사항입니다.

가격을 결정할 때는 소비자의 관점에서 할인 폭을 신중하게 고려해야 합니다. 이미 잘 알려진 브랜드이거나 소비자가 기존에 사용하고 있던 상품의 경우, 할인 폭이 크면 클수록 소비자의

특가로 느껴지는 가격 요소

반응도 커집니다. 예를 들어 삼성이나 LG처럼 인지도가 높은 브랜드일수록 할인 폭이 커질수록 소비자의 반응이 큽니다.

하지만 그렇지 않을 경우에는 비브랜드 상품들의 평균 판매가나 시장에 형성된 가격에서 약간 할인된 가격이 더 신뢰를 얻을 수 있습니다.[13] '고구마 3kg' 검색결과 상품들 중 가장 많이 팔리는 상품의 가격이 14,900원이라고 가정해보겠습니다. 이때는 소비자 가격을 2만 원으로 하고, 여기에서 30% 할인된 13,900원을 최종 판매가로 세팅하는 것이 좋습니다.

매력적인 가격을 기획하는 것뿐만 아니라 소비자에게 어필하는 것도 중요합니다. 할인된 가격은 구매를 유도하는 가장 강력한 무기이기 때문입니다. 방송 전에는 라이브 예약과 SNS 홍보를 통해 가성비 좋은 상품임을 사전에 어필함으로써 소비자들의 방송 유입을 늘려야 합니다. 방송이 시작된 후에는 소비자들의 시선을 끌 여러 도구를 활용해야 합니다. 세로 화면이 긴 라

---

13 방정혜, 진천, 김민선, 이은형, 〈소셜 커머스에서 가격할인, 상품후기, 지각된 위험의 영향과 상호작용에 관한 연구〉, 한국지식경영학회 지식경영연구 제14권 제4호, 2013년 1월.

다양한 특가 홍보 방법

이브 방송의 특성을 고려해, 화면 상단에는 미디어 이미지를 활용함으로써 상품의 브랜드, 특징, 이벤트 및 특가를 홍보할 수 있습니다.

라이브 혜택에는 특가 내용을 공지하거나 채팅 중 관련 내용을 고정시켜 소비자들에게 지속적으로 노출하는 것이 좋습니다. '손피켓'과 같은 아날로그 방식도 여전히 주목도가 높아 사용할 가치가 있습니다. 방송에서의 특가는 라이브 방송에만 적용되는 이벤트 성격의 할인가이므로 방송 도중에 가격을 조정해 소비자의 신뢰를 잃는 실수를 저지르지 않도록 유의해야 합니다.

클릭을 잡는
매혹적인 인트로&섬네일

📹 방송 시청 여부를 결정하는 인트로 ▶

라이브 방송을 시작할 때, 인트로 컷이나 특별한 콘셉트 없이 단순한 인사로 방송을 시작하면 시청자를 확보하기 어려워집니다. 특히 유명인이 아닌 경우에는 더욱 그렇습니다. 앞으로는 실시간 판매량을 기준으로 노출의 우선순위가 정해질 것으로 예상되지만, 현재의 라이브커머스 플랫폼은 주로 실시간 시청자 수를 우선순위로 삼고 있습니다. 우리 방송이 기존 팬이나 고객이 거의 없는 상태라면 시청자 수는 라이브 방송 랜딩화면에서 보이는 대표 이미지, 짧은 인트로 컷, 방송명 등에 의해 결정됩니다.

방송 초반에 많은 클릭을 받은 방송은 더 많은 소비자에게 노출됩니다. 이는 추가 클릭을 유도하는 선순환 구조를 만들어냅니다. 누적 시청자를 확보하는 관점에서도 동일합니다. 매력적인 인트로가 시청자를 확보하는 역할을 한다는 사실을 명심해야 합니다.

일반적으로 라이브 방송 플랫폼은 라이브 방송 중에는 대표 이미지와 현재 방송 화면을 함께 보여줍니다. 이전 라이브 방송의 경우에는 대표 이미지와 방송 시작 후 5~10초간의 화면을 노출해 소비자들의 클릭을 유도합니다. 특히 동적인 화면이나 영상이 클릭을 유도하는 데 있어 효과적입니다. 인트로 영상을 구성하는 방법은 다양합니다.

콘셉트가 없는 인트로 영상

배경이나 판매자가 강조된 인트로 영상

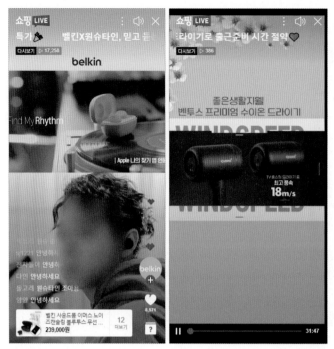

판매상품이 강조된 인트로 영상

가장 흔히 사용되는 인트로 화면 구성 방법은 상품을 강조하는 것입니다. 이때 상품은 매력적으로 보여야 합니다. 의류의 경우, 코디나 액세서리, 또는 해당 상품의 특징을 강조하는 제스처를 통해 상품을 부각시킬 수 있습니다. 예를 들어 옷의 신축성이 좋다면 옷을 잡아당기는 등의 제스처를 해볼 수 있습니다. 식품의 경우, 조리된 모습이나 판매상품이 잘 보이는 생산 현장을 노출해 상품을 강조할 수 있습니다. 숙박이나 여행 상품의 경우, 여행지의 장소나 서비스를 이용하는 현장을 보여주거나 판매자의 특별한 일정, 분장 등을 활용해 소비자의 관심을 끌 수도 있습니다.

라이브 방송 중에는 특히 가격 할인이나 프로모션을 강조한 화면 구성을 활용하는 것도 클릭을 유도하는 좋은 방법입니다. 또는 우리 상품과 방송 콘셉트에 맞는 진행자의 독특한 인트로 컷이나 영상, 관련 멘트를 고정하거나 정기적으로 노출해 클릭을 유도하는 전략도 사용할 수 있습니다. 실시간 라이브 방송 중에는 계속해서 유입되는 신규 시청자가 우리의 방송에서 이탈하지 않도록 하는 데 주력해야 합니다.

TIP 따라 해보세요!   🔍

- 인트로 컷&인트로 영상 삽입 : 미디어 기능을 활용한 인트로 화면 – 186p
- 멘트를 통한 안내 : 채팅 대화를 통한 즉각적인 대응 – 159p, 226p
- 고정형 채팅 공지 : 채팅 공지를 통해 관심 유도(이벤트, 가격 할인 등) – 161p, 227p
- 라이브 혜택 공지 : 특가 등 관심 유도 – 135p, 151p, 156p

대표 이미지의 중요성 및 조건

우리는 라이브 방송에서 대표 이미지를 통해 판매하고자 하는 상품과 어필하고자 하는 콘셉트를 간결하게 보여줍니다. 대표 이미지는 전체 방송 리스트뿐만 아니라 방송 간 이동하는 순간에도 시청자들에게 노출됩니다.

물론 순간적으로만 노출되는 대표 이미지가 클릭에 어떤 영향을 미치는지 의문을 가질 수도 있습니다. 그러나 이에 대해 페이스북 비즈니스팀[14]은 의미 있는 인사이트를 발표했습니다. 페이스북과 같은 SNS 피드에서 소비자들이 콘텐츠를 인식한 후 시청 여부를 결정하는 데 필요한 시간은 단 0.25초라는 것입니다. 그러므로 강력한 대표 이미지 한 장은 말로 표현하기보다도 시청자를 사로잡는 데 효과적인 힘을 발휘할 수 있습니다.

그렇다면 어떤 대표 이미지가 클릭을 잡을 수 있을까요? 바로 '가치'가 반영된 대표 이미지입니다. 예를 들어 동일한 여성 원피스라도 '러블리' 또는 '클래식'과 같은 콘셉트에 따라 사용되는 컬러감과 레이아웃이 달라질 수 있습니다. 식품의 경우에는 '먹음직스러움'과 '가용성'이 주요한 가치입니다. 인테리어 제품의 경우에는 '심미성'이나 '연출 효과성'이 중요한 가치입니다.

---

14 "2020년을 위한 변화 : 새로운 기술", META, 2017년 6월 20일, https://ko-kr.facebook.com/business/news/insights/shifts-for-2020-multisensory-multipliers

가치가 잘 드러난 대표 이미지

일반적으로는 상품을 부각시키는 것이 중요하지만, 상품의 사용 방법을 강조하는 이미지나 저작권이 확보된 유명 연예인, 인플루언서를 포함한 경우도 클릭을 유도하는 대표 이미지의 유형 중 하나입니다.

대표 이미지는
어떻게 만들어야 할까요?

1. 대표 이미지의 사이즈와 내용 구성

- 권장 크기 : 720×1280px
- 최대 용량 : 20MB
- 상품과 인물이 잘리지 않고 잘 보이는 이미지로 구성해야 합니다.
- 웹 관리툴에서 라이브 등록 시 간단한 회전, 좌우 반전 등의 편집 기능이 지원됩니다.

720px

1,028px

적합한 이미지&부적합한 이미지

2. 대표 이미지 제작 시 주의사항

- 글자와 로고(타 브랜드 로고 포함)가 없는 이미지를 사용해야 합니다.
- 초상권, 캐릭터 저작권 위반 이미지가 등록된 경우 라이브 노출이 제한됩니다.
- 여러 이미지가 섞이지 않은 단순한 이미지여야 합니다.
- 사전 허가되지 않은 라이브 방송 또는 영역에 쇼핑라이브의 로고 사용은 불가능합니다.
- 숏클립 대표 이미지 : 별도의 등록 없이 영상의 첫 장면이 대표 이미지로 자동 설정됩니다.

시청자를 늘리는
빅팬(Big fan) 선순환 고리

 시청자가 원하는 방송 타이밍

넷플릭스나 웨이브와 같은 OTT[15] 서비스가 보편화되면서 '다시보기' 기능을 통해 시간에 구애받지 않고 미디어 콘텐츠를 소비할 수 있게 되었습니다. 그럼에도 시청 습관은 쉽게 변하지 않습니다. 사람들의 일반적인 생활 패턴에 따라 콘텐츠 소비 시간이 어느 정도 정해져 있기 때문입니다. 그래서 한밤중에는 먹방 라이브를 하고, 새벽에는 자기계발 관련 라이브 방송을 합니다. 이렇게 하면 관련 주제에 관심있는 시청자를 더 많이 확보할 수 있기 때문입니다. 이와 같은 이유로 방송 시간과 분량을 결정하는 '편성'이 중요한 역할을 합니다.

그렇다면 상품 판매를 목적으로 하는 라이브커머스 방송은 언제 진행하는 것이 가장 좋을까요? 방송을 기획하고 진행하려다 보면 방송 시간과 분량에 대한 고민이 생길 수 있습니다. 특히 실시간으로 소비자와 소통하는 라이브커머스 방송 특성상, 방송 시간과 분량은 매출에 큰 영향을 미칩니다.

---

15 OTT(Over The Top) : 인터넷을 통해 다양한 플랫폼으로 사용자가 원할 때 방송을 볼 수 있도록 지원하는 VOD 서비스입니다.

무슨 요일이 좋을까?

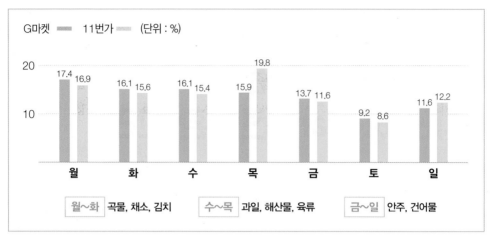

요일별 이커머스 거래액 비중과 인기 상품, 출처 : G마켓, 11번가

일반적으로 라이브커머스의 황금 요일과 시간대는 기존 이커머스와 유사한 패턴을 보입니다. 월요일부터 목요일까지 매출이 집중되며, 금요일과 토요일에는 급감했다가, 일요일부터 다시 회복세를 보이는 것이 일반적인 이커머스 거래 패턴입니다.

라이브커머스도 이와 비슷합니다. 특히 한국의 물류(택배)는 토요일에는 상품 출고가 이루어지지 않는데, 이러한 물류 정책에 익숙해진 소비자들의 쇼핑 패턴이 그대로 드러납니다. 물론 몇몇 플랫폼에서는 당일 배송과 같은 물류 혁신이 이루어지고 있습니다. 그러나 대부분의 플랫폼에서는 주말을 포함하면 상품 출고부터 배송까지의 기간이 최대 3~4일 정도 소요되기 때문에 월요일부터 목요일까지 주문이 집중됩니다.

특히 식품과 같이 쉽게 변질될 수 있는 상품의 경우, 배송 이슈에 민감하므로 월요일부터 목요일에 방송이 더 집중되는 경향을 보입니다. 신선 식품인 육류나 해산물의 경우에는 목요일에 일부 주문이 집중되기도 합니다.

몇 시가 좋을까?

요일을 결정했다면 이제 방송 시간을 정해야 합니다. 온라인 결제 및 라이브 방송의 시청은 대부분 모바일을 통해 이루어집니다. 따라서 스마트폰 사용이 가장 활발한 시간대에 방송을 하

스마트폰을 가장 많이 사용하는 시간대, 오후 6시~자정 이전 (432명 참여)

오전 9시~
정오 이전 | 오후 3시~
오후 6시 이전 | 오후 9시~
자정 이전

17% | 13% | 13% | 21% | 30% | 6%

정오~
오후 3시 이전 | 오후 6시~
오후 9시 이전 | 자정 이후~
오전 9시 이전

한국인의 스마트폰 주 사용 시간, 출처 : 앱스토리

면 가장 많은 시청자를 확보할 수 있습니다. 특히 점심 전후(오전 11시~오후 2시), 퇴근 시간 (오후 5시~7시), 저녁 시간 이후(오후 8시~10시)처럼 스마트폰 이용이 급증하는 시간을 우선 적으로 고려해야 합니다.

또한 타깃 소비자들의 주 활동 시간대를 고려해 방송 시간을 결정해야 합니다. 의류, 식품, 육 아용품과 같이 30~40대 주부를 대상으로 하는 상품은 아이를 유치원이나 학교에 보낸 후 여 유가 생기는 오전 11시 전후에 방송하는 것이 적절합니다. 레저용품, 생활용품, 테크용품(자 동차, 소형 가전 등)과 같이 20~40대 남성을 대상으로 하는 상품은 퇴근 시간인 오후 6시부 터 10시까지가 황금 시간대입니다. 20~30대를 대상으로 패션 아이템이나 트렌디한 상품을 판매하는 경우에는 오후 9시 이후를 공략하는 것이 좋습니다. 40~50대 중년을 대상으로 하 는 경우에는 오전 7시부터 10시까지 이른 아침에 방송함으로써 전략적으로 시청자를 확보할 수 있습니다.

"다른 업체와 동일한 아이템을 판매하고 같은 타깃을 대상으로 하는 경우, 결국 같은 시간대에 방송을 진행하면 경쟁을 해야 하는 것이 아닐까요?" 이는 당연한 질문입니다. 앞서 제시한 시 간대가 최적의 방송 타이밍이라고 하더라도 경쟁 강도와 아이템의 가격, 콘셉트에 따라 완전 히 다른 시간대가 더 적합할 수도 있습니다.

그러나 방송 초기에는 앞서 제시한 요일과 시간대를 기준으로 방송을 진행하면서 우리 업체와 상품에 가장 잘 맞는 시간대를 찾는 연습을 해야 합니다. 초기 판매자의 경우, 시청자 수와 판

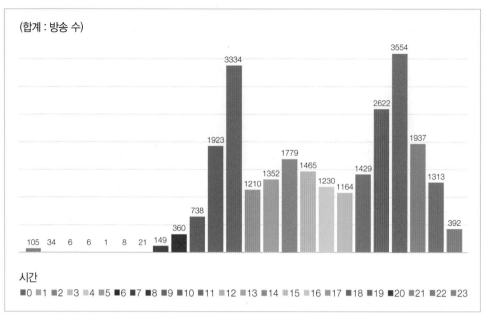

(합계 : 방송 수)

시간
■0 ■1 ■2 ■3 ■4 ■5 ■6 ■7 ■8 ■9 ■10 ■11 ■12 ■13 ■14 ■15 ■16 ■17 ■18 ■19 ■20 ■21 ■22 ■23

네이버 쇼핑라이브 시간대별 방송 수(2022년 6월), 출처 : 라방바데이터랩

매량이 비교적 부족해 방송이 상위에 노출되는 것 자체가 쉽지 않을 수 있습니다. 따라서 인기 시간대를 피하고, 자정이나 이른 오후와 같은 시간대에 방송을 진행하는 것도 좋은 노출 전략입니다. 이를 통해 주력 시간대보다 더 많은 시청자 수를 확보할 수도 있습니다.

이외에도 예기치 않은 20~30분간의 짧은 게릴라 방송을 통해 재미를 선사하면서 사전 구매율을 높임과 동시에 본 방송을 홍보할 수도 있습니다. 또는 '매주 월요일 오후 5시 특가 타임' 과 같은 주기적인 이벤트 방송을 통해 고정 고객과 팬을 확보할 수 있습니다.

방송 분량의 경우, 1시간 내외로 진행하는 것이 일반적입니다. 이보다 짧으면 상품을 제대로 소개할 시간이 부족합니다. 반대로 너무 길어지면 방송이 지루해져 '방송 중 할인 혜택'조차 효과가 떨어질 수 있습니다. 신상품 론칭과 같은 특수한 경우에만 최대 2시간까지 진행하고, 게릴라 방송이나 주기적인 이벤트 방송은 30분 내외로 진행해 변화를 주는 것도 시청자들의 관심을 이끌 좋은 방법입니다.

사전 마케팅부터 잡자

'단일 1시간 방송, 누적 시청자 134만 명, 매출 25억 달성!' 라이브커머스 1시간 방송의 누적 시청자 수와 매출 실적입니다. TV홈쇼핑 단일 방송에서도 쉽지 않은 시청자 수와 매출을 어떻게 라이브커머스 방송에서 만들어낼 수 있었을까요? 그 힘은 어디서 나온 것일까요?

답은 바로 '사전 마케팅'에 있습니다. 물론 기획 라이브를 통해 높은 실시간 뷰 수나 매출액을 기대할 수 있고, 손쉽게 시청자를 확보할 수도 있습니다. 하지만 이 또한 일정 수준의 매출 실적을 넘어야만 주어지는 혜택이기 때문에 초기에는 도전하기 쉽지 않습니다. 따라서 방송 초반에는 사전 홍보 활동을 통해 우리 방송의 시청자를 확보해야 합니다.

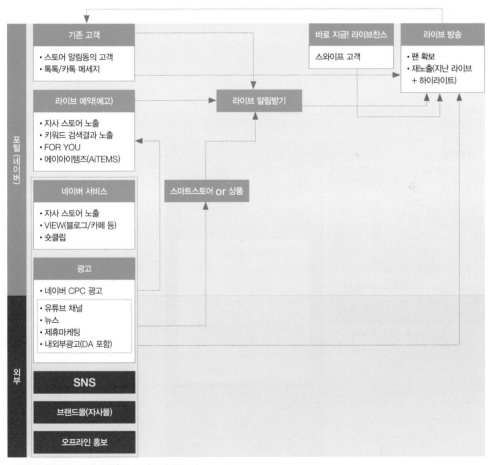

시청자를 확보하기 위한 빅팬(Big fan) 선순환 고리

네이버 쇼핑라이브, 쿠팡라이브와 같은 주요 라이브커머스 플랫폼들은 라이브 방송 콘텐츠와 시청자를 동시에 늘리기 위해 검색결과, 메인 기획전 등 여러 노출 영역을 무료로 제공합니다. 이를 적극적으로 활용해야 합니다. 또한 기존에 스토어나 SNS 홍보 채널을 운영 중이라면 이를 통해 사전 홍보를 진행해야 합니다. 라이브 방송 시작 시점에 '알림받기'를 통해 기본적인 시청자를 확보하고 구매를 유도하면 라이브커머스 플랫폼에서 노출 우선권을 확보할 수 있습니다. 더불어 어떤 방송을 선택해야 할지 고민하고 있는 시청자까지 잡을 수 있습니다.

만약 일정 수준의 예산이 있다면 대행사를 통해 홍보 채널을 활용함으로써 수만 명의 시청자를 즉시 확보할 수도 있습니다. 물론 해당 채널을 통해 유입되는 소비자들은 대부분 판매상품을 처음으로 보기 때문에 구매전환율이 높지 않을 수 있습니다. 하지만 브랜드와 상품을 홍보하는 관점에서는 투자비용 대비 효율이 좋은 편입니다. 게다가 수만 명의 누적 시청자는 방송을 보는 시청자들에게 신뢰감을 주어 충성도와 구매전환율이 높아집니다. 이러한 이유로 대행사를 통한 홍보 채널을 활용하는 판매자들이 증가하고 있습니다.

사전 마케팅은 알림받기 홍보전(戰)부터

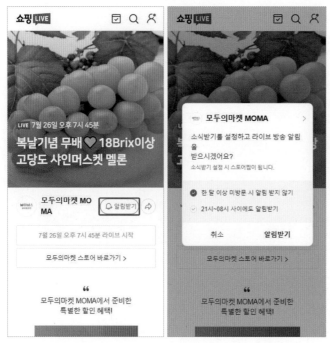

네이버 쇼핑라이브 알림받기

단순히 1회 방송만을 위해서가 아니라 우리 스토어의 단골 고객을 만들겠다는 생각으로 알림받기에 접근해야 합니다. 알림받기의 혜택으로는 할인 쿠폰, 배송비 쿠폰 등을 활용할 수 있습니다. 이러한 혜택을 어떤 소비자에게 가장 먼저 어필해야 할지 고민하며 홍보 채널의 우선순위와 내용을 결정해야 합니다.

그렇다면 어디서부터 시작해야 할까요? 홍보 활동의 1순위 목표는 소비자가 네이버 스마트스토어의 '알림받기', 쿠팡과 그립의 '팔로우'를 하게 만드는 것입니다. 알림받기와 팔로우는 신상품과 공지사항 같은 방송 소식을 알리는 스마트폰 푸시 기능을 의미합니다. 유튜버들이 매번 '구독'과 '좋아요', 그리고 '알람 설정'을 요청하는 이유도 이와 같습니다. SNS든 라이브커머스든 채널과 상관없이 1순위 목표는 알림받기 설정과 팔로우를 유도하는 것입니다.

특히 라이브 방송은 홍보하는 시점과 다른 미래의 특정 시간에 진행되는데, 방송 시작 시점에 스마트폰 푸시 알람을 통해 우리 상품에 관심 있는 소비자를 한꺼번에 모을 수 있다는 큰 장점이 있습니다.

게다가 쇼핑라이브의 방송 알림받기는 해당 방송 정보의 알람뿐만 아니라 판매자 스토어 알림받기도 동시에 동의하는 것으로, 일회성이 아닌 장기적인 마케팅을 가능하게 합니다.

알림받기와 Ai 상품 추천 시스템

스마트스토어의 알림받기는 즐겨찾기 기능뿐만 아니라 에이아이템즈(AiTEMS)나 FOR YOU 와 같은 AI 상품 추천 기능의 데이터로 제공됩니다. 이로 인해 방송 이외에도 소비자의 개인 화면에 우리 상품을 자주 노출할 수 있습니다. 따라서 별도의 홍보 활동 비용의 부담이 없는 알림받기 기능을 적극적으로 활용해야 합니다.

상위 노출 및 광고를 통한 상품 노출

물론 해당 상품을 구매하기 위해 여러 상품을 비교하는 단계에 있는 소비자가 가장 먼저 반응 할 것입니다. 상품에 가장 흥미를 느끼는 소비자는 네이버, 쿠팡, 11번가 등의 플랫폼에서 구 매하고자 하는 상품의 키워드를 직접 검색하는 소비자입니다. 이러한 소비자를 공략하기 위해 검색 광고나 검색결과 상위 노출을 통한 홍보를 활용할 수 있습니다. 우리와 동일한 상품을 잘 판매하고 있는 경쟁사의 상호에 광고를 게재해 우리 상품을 노출시킴으로써 충성도 높은 소비 자를 확보하고 즉각적인 매출 상승을 기대할 수 있습니다.

또한 관련 커뮤니티에서의 바이럴 마케팅도 효과적인 방법 중 하나입니다. 주 타깃 고객이 많 이 활동하는 맘카페와 같은 온라인 커뮤니티에서 홍보를 하고 바이럴 현상을 유도하는 방법도 업계에서 자주 활용하는 마케팅 전략입니다. 인스타그램과 같은 SNS나 유튜브, 네이버 블로그의 경우에는 반복적으로 이미지, 글, 동영상 등의 콘텐츠를 노출시킴으로써 구매를 유도할 수 있습니다.

소비자가 방송 알림받기에 동의하면 이후에 마케팅 도구로도 활용할 수 있습니다. 특히 라이브 방송 시작알림 외에도 신상 입고, 할인, 무료 증정 이벤트와 같은 다양한 주제와 유익한 혜택이 포함된 알림을 통해 기획된 프로모션을 소비자에게 보여줘야 합니다. 방송을 꾸준히 시청해야 할 이유가 생기도록 판매자의 콘셉트나 상품에 따라 '신상 할인은 라이브 방송에서만', '방송 중 특가찬스 타임 상시 운영' 등의 내용을 보여주는 것이죠.

이러한 기회를 통해 소비자와 소통하고 우리 상품의 경험 기회를 늘려가는 것으로 빅팬(Big fan)을 만들어내고, 이들이 방송을 다시 시청하는 선순환 구조를 형성할 수 있습니다. 단, 동일한 내용의 방송을 너무 자주 노출함으로써 소비자가 해당 방송을 스팸으로 인식하게 만드는 실수는 피해야 합니다.

TIP 따라 해보세요! 🔍

- 소식 알림 세팅 – 173p

📹 네이버 키워드 검색결과에 우리 방송 노출하는 법 ▶

방송 전에 시청자를 확보하는 또 다른 방법은 방송을 진행하는 플랫폼의 검색결과 트래픽을 이용하는 것입니다. 특히 네이버의 경우 2021년 말부터 본격적으로 '지금 주문하면 좋은 상품'이라는 명칭으로 PC와 모바일 검색결과 화면에 쇼핑라이브 방송을 노출하기 시작했습니다. 예를 들어 소비자가 '고구마'라는 키워드를 검색할 경우, 예약 라이브 방송의 방송명이나 판매상품명에 '고구마'가 들어 있다면 검색결과에 노출되는 식입니다.

이처럼 네이버가 라이브커머스 방송을 검색결과에 반영한다는 것은 소비자의 검색 트래픽을 본격적으로 네이버 쇼핑라이브 채널에 부어 넣겠다는 강력한 의지를 나타냅니다. 그와 동시에 라이브 방송량과 품질이 일정 수준 이상으로 올라가고 있음을 의미하기도 합니다.

검색결과에 반영되는 쇼핑라이브

플랫폼들의 검색결과 노출 정책을 잘 알아두고 이를 활용해야 합니다. 검색결과 노출은 별도의 예산이 필요한 광고나 홍보 없이도 소비자를 확보하는 방법이자 브랜딩을 할 수 있는 매력적인 홍보 영역이기 때문입니다.

그렇다면 검색결과에 노출되기 위해서는 무엇이 중요할까요? 우선 기본적으로 검색 키워드와 우리 방송의 연관성을 확인할 수 있는 적합도를 맞추어야 합니다. 텍스트 검색을 주로 하는 포털의 특성상, 방송명과 상품명에 주요 키워드를 포함시키면 검색 적합도 점수를 높일 수 있습니다. 상품과 방송을 등록하는 시점부터 우리가 판매하려는 상품을 소비자가 어떤 키워드로 자주 검색하는지 리스트업하고, 이를 상품명과 방송명에 반영해야 합니다.

예를 들어 '홈트레이닝 기구'를 판매하는 경우, 검색량이 높은 키워드를 순차적으로 배치해 상품명을 결정합니다. 방송명은 대표적인 키워드를 또 한번 추려서 콘셉트와 프로모션 이벤트를 포함한 이름으로 지으면 됩니다.

'홈트레이닝 기구' 키워드 검색결과 화면

- 방송명 : 홈트레이닝 기구 스쿼드밴드 매트 폼롤러 미친가격 할인!
- 상품명 : 힙쓰터스트 밴드 홈트레이닝기구

방송을 예약하고 진행하는 경우에는 스마트스토어에 등록된 상품을 판매하는 것입니다. 그렇기에 스마트스토어의 상품명을 변경하지 않는 것이 일반적입니다. 상품명을 변경하면 어부징(Abusing)[16]으로 간주될 수 있기 때문입니다. 이처럼 검색결과에서 상품명은 중요한 기준으로 작용합니다.

노출 순서에 있어서는 무엇보다 최신성이 중요합니다. 라이브커머스는 실시간으로 상품을 설명하고 시청자들과 소통한다는 특성이 있습니다. 그래서 해당 상품을 검색하고 있는 소비자에게는 1주일 뒤 진행 예정인 방송보다 오늘이나 내일 진행될 방송이 더 매력적으로 다가옵니다. 그러므로 한정된 노출 영역을 최대한 활용하기 위해서는 검색량이 많은 키워드의 상품을 경쟁사보다 자주 방송함으로써 노출 효과를 극대화하는 것이 좋습니다.

---

16 어부징(Abusing) : 인터넷 포털 사이트에서 언론사가 검색을 통한 클릭 수를 늘리기 위해 동일한 제목의 기사를 지속적으로 전송하거나 클릭 수를 조작하는 것을 말합니다.

키워드에 따른 라이브 방송 노출 순서 변화

만약 경쟁사와 중복되는 일정이 자주 발생하면 동일한 자리에서 경쟁해야 할 수도 있습니다. 이럴 경우에는 이전 라이브 방송의 성과에 따라 노출 순위가 결정됩니다. 좋아요 수, 시청자 수, 판매실적 등이 해당 요소입니다. 우리 업체가 테스트를 통해 선순위 노출되었다면 문제 가 되지 않겠지만, 노출 빈도가 적거나 아예 노출되지 않는다면 우선 인기 시간대를 피해 방 송을 진행하거나 최소한의 시청자와 좋아요를 확보한 방송을 참고해 노출 레퍼런스를 확보해 야 합니다.

라이브 예고 페이지란
무엇인가요?

'라이브 예고 페이지'는 스마트스토어 내에서 예약된 라이브 방송을 사전에 안내하는 페이지입니다. 동시에 검색결과에 노출되는 라이브 방송의 상세페이지 역할을 합니다. 이 페이지는 기존 스토어 이용 고객과 검색을 통해 유입된 신규 고객이 알림받기를 설정하고 방송을 시청할 수 있도록 유도하는 중요한 홍보 도구입니다. 특히 검색 결과에서 매력적인 대표 이미지와 상품 가격 등으로 클릭을 유도한다면, 가장 먼저 소비자가 보게 될 화면은 라이브 예고 페이지이므로 이 콘텐츠를 통해 신규 고객의 유입을 늘려야 합니다.

라이브 예고 페이지에는 흥미를 끌 만한 상단 이미지와 이벤트, 특가 등의 프로모션 요소가 포함된 방송명, 그리고 이번 방송에서 판매할 상품의 핵심적인 특징, 후기, 베네핏을 효과적으로 표현해야 합니다. 검색 로봇이 우리 상품을 명확하게 인식할 수 있도록 방송명과 상품명에 포함된 주요 키워드를 반복해서 포함시켜야 합니다.

또한 일부 경우에는 판매 예정 상품의 기존 상세페이지를 그대로 사용하는 경우가 있습니다. 이때는 방송 관련 콘텐츠를 우선적으로 배치하고, 그 이후에 기존 상품 상세페이지를 반영함으로써 두 가지 목표를 모두 달성할 수 있도록 해야 합니다.

라이브 예고 페이지 예시화면

네이버 쇼핑라이브 서비스에서 간접광고 상품이 본격적으로 출시되기 시작했습니다. 이는 시청자 수가 증가함에 따라 저관여 및 고관여 제품군 모두 매출액이 상승하면서 일어난 자연스러운 현상입니다. 특히 장기적인 라이브 방송 채널의 성장을 위해서는 일정 수준의 시청자를 확보하는 것이 중요합니다. 따라서 관련 광고 상품도 시청자 확보에 중점을 두고 개발되고 있습니다.

쇼핑라이브 전용 알림 광고

네이버 쇼핑라이브의 라이브 방송 알림받기 광고는 쇼핑라이브 관심매장 등록과 알림 동의 기능을 결합한 서비스입니다. 해당 광고는 리워드 지급을 통해 알림받기 등록을 유도하는 보상형 광고 상품입니다. 일반 고객 대비 두 배 이상 높은 구매 성향을 가진 알림받기 고객을 합리적인 비용으로 단시간에 모집하는 광고 상품입니다.[17]

쇼핑리워드 광고

---

17 출처 : 네이버페이 광고&포인트

- 상품명 : 쇼핑리워드 광고

- 광고비 : 최소 광고비는 300만 원(수수료 별도), 100만 원 단위로 추가 가능

  300만 원 집행 시 7,500 알림받기 모집 가능

  고객 적립금 100원은 광고비에 포함돼 별도 과금 없음

- 작동 방식 : 네이버페이 혜택 즉시적립 그룹에 고정 노출되는 배너로, 클릭 시 광고주 스토어 페이지로 이동해 이에 대해 소액의 포인트를 즉시 보상

- 대행사(NBT) 연동 필수 여부 : 불필요

- 특장점 : 네이버페이 메인 상단 영역에 독립된 노출 공간을 제공 → 강력한 주목도와 단기 트래픽 유도에 효과적&1일 이내 알림 해제 시 포인트를 회수해 부정 참여 및 이탈을 최소화

- 진행 : https://npayad.naver.com 혹은 '네이버페이 광고&포인트' 검색

 포털 및 외부 트래픽을 통한 사전 방송 홍보

네이버 내부 주요 서비스 – [VIEW], [스마트블록], [인플루언서]

기존 네이버 쇼핑라이브 예약 기능을 통한 방송 사전 노출 외에도 전통적인 마케팅 방법을 통해 우리 방송을 노출할 수도 있습니다. 네이버 블로그와 카페 글을 주로 노출하는 [VIEW] 탭을 비롯해서 지식인이나 언론 기사에 노출하는 방법입니다. 특히 블로그를 운영하면서 파워블로거 체험단을 모집해 주요 키워드에서의 검색결과 노출을 늘리는 것은 라이브커머스에서 중요한 마케팅 기법입니다. 네이버 블로그에서의 바이럴 마케팅은 네이버 쇼핑라이브뿐만 아니라 스마트스토어의 노출에도 많은 영향을 미치기 때문입니다.

네이버는 검색 사용자의 의도와 취향을 고려해 다양한 키워드로 검색결과를 제공하는 [스마트블록], 주제별 전문 인플루언서의 콘텐츠를 관리하고 우선 노출시켜주는 [네이버 인플루언서] 제도를 도입했습니다. 이를 활용하면 사전 홍보를 효과적으로 진행할 수 있습니다.

CPC 광고&DA 광고

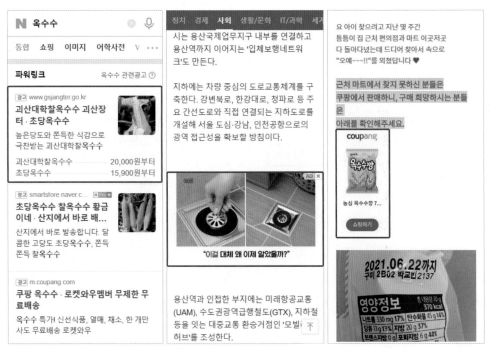

다양한 광고 기법 – CPC 광고, 배너, 제휴 광고

광고의 즉각적인 효과를 확인할 수 있는 방법은 비용을 투자한 광고를 진행하는 것입니다. 대표적으로 CPC(Cost Per Click) 광고, DA(Display Advertisement) 광고가 있습니다. CPC 광고는 클릭 단가 경쟁을 통해 실시간으로 순위를 결정하는 방식으로 네이버 파워링크가 대표적인 예입니다. CPC 광고는 상대적으로 광고 비용이 높고 소비자가 클릭할 때마다 추가비용의 부담이 있기 때문에 광고 효율이 낮을 수 있습니다. 그러나 소비자들은 상품 구매를 위해 특정 키워드를 검색하죠. 이러한 검색결과에서 가장 먼저 노출되는 것이 중요하므로 우리 상품이 경쟁력이 있다면 의미 있는 광고 전략이 될 수 있습니다. 배너나 텍스트를 통한 DA 광고도 CPC 광고와 형태만 다를 뿐, 작동 원리는 크게 다르지 않습니다.

더 장기적이면서 큰 규모의 접근 방식으로는 제휴 마케팅 광고가 있습니다. 제휴 마케팅은 매출의 특정 비중을 수수료로 지불하는 방식부터 일정 수 이상의 시청자를 보장해주는 형태까지 종류가 다양합니다. 그러므로 우리 회사의 제품, 예산, 운영 방식에 따라 적절한 광고를 전략적으로 선택해야 합니다.

개인 SNS 활용하기

SNS를 통해 팬을 모았다면 이를 적극적으로 활용해야 합니다. SNS에 모아둔 트래픽을 외부 라이브커머스 플랫폼으로 유도하는 개념입니다. 특히 우리 업체에 호감을 가지고 소통을 경험했던 팬들이 있다면 구매전환까지도 기대해볼 수 있습니다. 우리 업체의 공식 인스타그램이나 유튜브 채널에 관련 키워드를 포함한 콘텐츠를 꾸준히 업로드함으로써 상호 간의 연관성을 조성해야 합니다.

또한 체험단이나 협찬, 광고를 통해 해당 플랫폼에서 인기 있는 검색결과로 랭크되는 것을 목표로 접근해야 합니다. 다시 말해 공식 계정의 정기적이거나 비정기적인 콘텐츠, 그리고 파워저작자(파워블로거 등)의 인기 콘텐츠, 이 두 가지 방향을 동시에 접근해야 홍보 효과를 극대화할 수 있다는 사실을 기억해야 합니다.

온라인 커뮤니티 활용하기

'디시인사이드', '82COOK'과 같은 온라인 커뮤니티에서 홍보가 이루어지는 것은 라이브커머스 플랫폼의 입장에서는 환영할 일입니다. 플랫폼 이용자 수를 늘리는 동시에 구매전환에 따

커뮤니티를 통한 사전 방송 홍보, 출처 : 네이버 카페 〈줌마렐라〉, 〈♪매일이벤트 있는♪〉, 〈82cook〉

른 수수료도 챙길 수 있기 때문이죠. 특히 네이버의 경우, 다른 포털 사이트나 커머스 플랫폼들과 비교했을 때 외부 트래픽이 자사로 유입되는 것을 선호합니다. 외부 트래픽 유입이 많은 브랜드나 상호일수록 네이버 검색결과에서 더 많이 노출됩니다. 외부 트래픽 유입은 네이버의 검색결과 노출을 확대하며, 이는 다시 클릭과 구매전환을 늘려 라이브커머스 방송과 상품이 더 많이 노출되는 선순환 구조를 형성합니다. 또한 독립몰(자사 브랜드 쇼핑몰)이나 오프라인 홍보(매장이 있는 경우), 카카오톡 친구나 오픈 채팅방과 같은 우리 회사의 자원을 최대한 활용해 방송 시청자를 확보하는 데 집중해야 합니다.

그립이나 쿠팡의 경우, 커머스 크리에이터 계정으로 가입하고 승인되면 자동으로 팔로우 기능이 활성화됩니다. 방송을 진행하거나 이전 방송을 재생하거나 사전 마케팅을 통해 계정에 URL을 연결하면 소비자는 언제든지 해당 계정을 팔로우할 수 있습니다. 그 후, 소비자가 팔로우한 계정의 방송 알림이 스마트폰에서 자동으로 푸시됩니다.

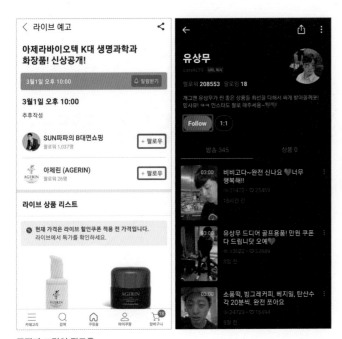

쿠팡과 그립의 팔로우

네이버 쇼핑라이브 랜딩을 잡는 노출 핵심 영역

네이버 쇼핑라이브 랜딩화면 : 홈 탭

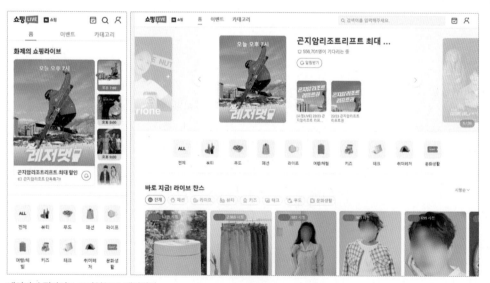

네이버 쇼핑라이브 모바일&PC 랜딩화면

효과적인 노출을 위해 라이브커머스 플랫폼의 랜딩화면 구성을 이해해야 합니다. 어떤 기준으로 방송이 노출되는지 이해하면 우리 방송이 랜딩화면에 노출될 확률이 높아져 일정 이상의 시청자를 확보할 수 있습니다.

네이버 쇼핑라이브 랜딩화면 : [홈], [이벤트], [숏클립], [카테고리]

네이버 쇼핑라이브의 랜딩화면은 [홈], [이벤트], [숏클립], [카테고리] 탭으로 구성돼 있습니다. 그중 [홈] 탭이 쇼핑라이브의 메인화면입니다. [홈] 탭에서는 '오늘 놓치지 마세요!', '바로 지금! 라이브 찬스', '개인화 상품 추천'처럼 최근 소비자 반응이 좋은 라이브 방송들을 노출합니다. 이어서 기획전이나 특가전과 같은 이벤트 방송, 뷰티, 푸드, 패션 등의 카테고리 방송을 차례로 보여줍니다.

[이벤트] 탭과 [카테고리] 탭은 경쟁력이 있는 방송임에도 불구하고 [홈] 탭에서 노출 순서가 밀려 상대적으로 노출 기회가 적은 라이브 방송들을 위해 만들어진 노출 영역입니다. 즉, 노출 빈도를 높이기 위한 구성 요소로 이해할 수 있습니다. 소비자가 [홈] 탭의 최하단까지 스크롤 하며 모든 라이브 방송을 보기보다는 빠른 이동이 가능한 탭 기능을 활용함으로써 더 많은 라이브 방송을 볼 수 있기 때문입니다. 이처럼 [이벤트] 탭과 [카테고리] 탭은 더 많은 라이브 방송을 소비자에게 보여준다는 장점이 있습니다.

[숏클립] 탭은 쇼핑라이브에 등록할 수 있는 2분 미만의 짧은 영상들이 노출되는 영역으로 인기 급상승 숏클립, 숏클리버 등의 다양한 기획이 노출됩니다. 라이브 방송 진행 권한이 없는 신규 판매자도 조건 없이 바로 숏클립을 등록할 수 있으므로 이를 전략적으로 활용해야 합니다.

오늘 놓치지 마세요!

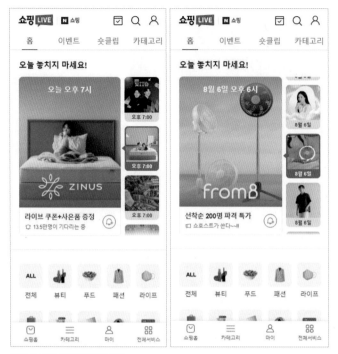

'오늘 놓치지 마세요!' 영역 화면

네이버 쇼핑라이브의 첫 화면이자 [홈] 탭의 첫 번째 노출 영역은 '오늘 놓치지 마세요!'입니다. 라이브 캘린더에 노출되는 방송 중 많은 시청자가 알림받기를 한 방송을 일자별로 노출하는 영역입니다. 해당 영역에서는 상품력이나 매출이 검증된 소수의 방송을 노출합니다. 그리고 네이버 쇼핑라이브 메인화면의 큰 배너로 노출되어 기본적으로 수만 명의 시청자를 확보할 수 있습니다. 해당 영역에 노출되면 매출을 높일 수 있을 뿐만 아니라 매일매일 노출에 따른 광고 효과를 크게 누릴 수 있습니다.

바로 지금! 라이브 찬스

'바로 지금! 라이브 찬스'에서는 시청자순에 따라 최대 30개의 라이브 방송을 무료로 노출합니다. 물론 옵션을 구매순으로 설정하면 판매실적에 따른 순서로도 확인할 수 있습니다. 이 영역이 특히 의미 있는 이유는 네이버 쇼핑라이브의 트래픽을 현재 진행 중인 라이브 방송들에 몰아줌으로써 단일 방송으로 가장 높은 트래픽을 확보할 수 있는 영역이기 때문입니다.

'바로 지금! 라이브 찬스' 영역 화면

이 영역에서는 보통 누적 시청자 수가 가장 많은 라이브 방송이 노출됩니다. 하지만 실시간 시청자 수, 시청자의 하트찜 수, 체류 시간, 실시간 판매 성과 등에 따라 순서는 언제든지 바뀔 수 있습니다. 그러므로 방송 초반에 구조적인 성과를 창출하고, 이를 바탕으로 해당 영역에서 랭크되기 위한 전략이 필요합니다.

예를 들어 구매자 선착순 10명에게 커피 기프티콘을 지급하는 이벤트를 통해 판매성과를 빠르게 구조화하고 노출 우선순위를 얻는 전략을 사용할 수 있습니다. 최근에는 정기적이고 빈번한 방송을 통해 노출 여부나 순위가 달라지기도 합니다. 따라서 꾸준히 라이브 방송을 진행함으로써 콘텐츠를 개선하고 성과를 점진적으로 쌓아나가야 합니다.

인기 급상승 숏클립

'인기 급상승 숏클립' 영역 화면

'인기 급상승 숏클립'은 등급과 상관 없이 모든 판매자가 이용 가능한 영역입니다. 2022년 말에 론칭된 숏클립은 쇼핑라이브에 등록할 수 있는 2분 미만의 짧은 영상으로, 제품의 광고, 사용 방법, 라이브 재편집, 제품 리뷰 등 제품의 장점과 활용 방안을 다양하게 표현할 수 있도록 만들어진 VOD 도구입니다.

쇼핑라이브 거래액 비중을 비교해보면 라이브 방송 전과 방송 중에 약 80%, 다시보기에서 약 20%의 매출이 발생합니다. 소비자의 상품 탐색과 경험이 실시간 라이브 방송에서 끝나는 것이 아님을 확인할 수 있습니다. 짧은 재생 시간만으로도 소비자들의 관심과 상품 구매를 유도할 수 있는 숏클립과 같은 도구가 필요합니다.

최근 3일간의 행동 데이터(댓글, 조회수 증가율, 좋아요), 구매 데이터(숏클립을 통한 상품 결제), 숏클립 생성일을 종합하여 해당 클립의 소비 가치를 판단해 자동으로 숏클립을 노출합니다. 그래서 조회수가 높은 숏클립이 낮은 숏클립보다 하위 순서에 전시될 수도 있습니다. '숏클리버' 등 테마별 숏클립 영역은 운영자가 선정한 테마에 관련된 숏클립을 수동으로 선별해 노출하는 영역으로 이해할 수 있습니다.

오늘만 핫딜&숏클립 테마기획전

'오늘만 핫딜', 숏클립 테마기획전 영역 화면

다음은 '오늘만 핫딜', 숏클립 테마기획전 영역입니다. 오늘만 핫딜은 24시간 특가와 함께 등록한 숏클립이 노출되는 영역입니다. 숏클립 테마기획전은 '봄의 여신', '밥도둑 특집' 등과 같이 특정 테마에 맞는 숏클립을 모아 놓은 기타 카테고리 영역입니다. 두 영역에서는 특별할인 가격이나 소비 시즌에 맞춘 상품을 제안함으로써 시청자의 소비를 유도합니다. 즉, 숏클립을 활용한 추가 판매채널로 이해할 수 있습니다. 매주 해당 기획전의 참여 신청과 선정을 통해서 참가 스토어가 정해지므로 경쟁력 있는 상품을 보유했다면 도전해볼 만한 영역입니다.

이외에도 해당 영역들에서는 아울렛, 백화점, 도착보장, 디지털&가전 등 오프라인 스토어, 네이버 서비스 활용 스토어, 인기&비인기 카테고리 등 다양한 영역의 숏클립을 노출하고 있습니다. 이는 숏클립 포맷의 활용도를 높이기 위함과 동시에, 경쟁력 있는 상품을 보유했지만 자리가 부족해 노출하지 못하는 상품들을 다양한 방법으로 노출시키기 위한 노력으로 이해할 수 있습니다.

오늘만 핫딜은 등록한 숏클립과 연결된 상품에 1일 동안 할인 혜택을 제공할 경우, 네이버 메인 서비스 내에서 1일 동안 고정 노출을 지원합니다. 다시 말해 숏클립 핫딜에 선정된 경우, 해당 상품은 선정된 일정 기간 동안 특가로 제공되어야 합니다. 할인율은 최근 20일간의 가격을 기준으로 결정해 제안할 수 있습니다. 또한 베스트 리뷰 상품이나 스테디셀러, 시즌 이슈 상품, 그 외 고퀄리티 숏클립일 경우 선정될 가능성이 높습니다.

오늘만 핫딜

- 신청 기간 : 매주 화요일까지
- 선정 기간 : 매주 목요일에 선정자 공지(일주일 노출 단위로 선정)
- 노출 기간 : 선정 일정부터 24시간 동안
- 매월 1회만 진행 가능, 미선정 숏클립은 다음 주차에 재신청 가능

숏클립 테마기획전은 판매자가 제작한 숏클립을 쇼핑라이브 곳곳에 노출하기 위해 기획된 영역으로, 매주 새로운 테마에 맞는 숏클립을 모아 진행합니다. 신청 기간에 접수된 숏클립 중 제시된 테마 기준에 어울리는 숏클립들을 수동으로 선별한 후, 요일별로 노출하는 방식으로 운영됩니다.

숏클립 테마기획전

- 신청 기간 : 매주 월요일 테마 공개, 화~금요일까지 네이버 폼을 통해 신청 접수
- 선정 기간 : 매주 수요일 스마트스토어&윈도 공식 블로그에 발표(개별 메일 안내 없음)
  하루에 30건×7일=최대 210개의 숏클립 선정
- 노출 기간 : 선정 일정부터 24시간 동안 노출(편성에 따라 신청 요일과 다른 요일에 노출될 수 있음)
- 테마에 맞는다면 매주 지원 가능(단, 전 주차에 선정된 영상과 동일한 영상은 선정 불가)
- 한 테마에 여러 숏클립을 신청해도 1개의 숏클립만 선정

쇼핑라이브 인기상품&개인화 서비스

'쇼핑라이브 인기상품' 영역은 네이버 비로그인 소비자에게는 최근 7일간의 판매량과 선호도를 종합해 계산된 쇼핑라이브의 인기상품을 보여줍니다. 최근 우리 방송의 상품 판매량이 상위권에 속한다면 별도의 광고 없이도 해당 상품이 노출될 수 있는 영역입니다. 물론 초기 판매자들에게는 판매량이 상위권에 올라가는 것이 쉽지 않겠지만 걱정할 필요는 없습니다. 네이버 로그인을 한 고객에게는 해당 영역이 '○○○님을 위한 추천', '○○○님의 관심 라이브 예고'로 바뀌어 노출되기 때문입니다.

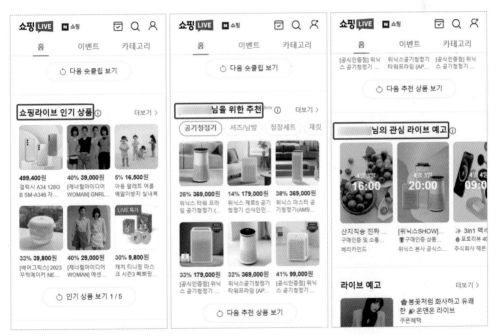

비로그인/로그인 시 상품 추천 및 라이브 예고

스마트스토어의 노출 영역으로는 개인화 상품 추천 시스템인 '에이아이템즈(AiTEMS) 추천쇼핑', 'FOR YOU'가 있습니다. 쇼핑라이브에는 '개인화 상품 추천', '관심라이브 예고' 영역이 있습니다. '○○○님을 위한 추천' 영역에서는 자주 보는 라이브 방송이나 검색한 상품 키워드, 구매 내역 등을 바탕으로 상품 키워드와 관련된 상품을 추천합니다. 즉, 우리 상품과 연관성이 있는 소비자들에게 우리 상품이 얼마든 소개될 수 있습니다.

'○○○님의 관심 라이브 예고'는 사전 알림을 신청한 스토어 중에서 7일 이내에 예정된 라이브를 가까운 방송 시간순으로 최대 30개까지 보여주는 영역입니다. 알림받기 등의 사전 홍보를 진행하고, 해당 영역을 통해 반복 노출함으로써 인지도를 높이고 소비자들의 방송 참여도를 늘릴 수 있습니다. 가까운 방송 시간부터 순차적으로 노출되는 구조이므로 가능한 범위 내에서 방송 횟수를 늘리는 것도 노출 빈도를 높이는 좋은 방법 중 하나입니다.

라이브 예고

스마트TV의 알람 기능과 네이버쇼핑의 라이브 예고, 출처 : 홈냅킨

스마트TV가 보편화되면서 TV프로그램 시작 알람 기능이 생겨 더욱 편해졌습니다. 실시간으로 뉴스를 보면서도 반드시 봐야 하는 인기 드라마의 시작 시간을 놓칠 일이 없어 매우 유용하죠. 이와 비슷하게 네이버 쇼핑라이브 랜딩화면에는 라이브 예고 스케줄 표가 있습니다. 앞으로 진행될 프로그램과 시작 시간을 알려주는 표입니다. 특히 라이브 방송을 자주 시청하는 소비자들에게는 매우 유용한 기능입니다. 해당 랜딩화면은 많은 트래픽을 처리하며 시간대별로

프로그램 일정이 표시됩니다. 필요한 경우 [더보기]를 통해 전체 일정도 확인할 수 있습니다. 관심 있는 상품이 있다면 [알림받기]를 클릭해 간단하게 방송 시청을 예약할 수 있습니다. 라이브 방송 진행자 관점에서는 홍보 효과가 높은 영역 중 하나입니다.

네이버 쇼핑라이브 캘린더&캘린더 더보기 화면

'라이브 예고' 영역은 [네이버쇼핑] 판의 [홈] 탭에도 노출돼 추가적인 홍보 효과까지 누릴 수 있습니다. 물론 이렇게 좋은 영역을 누구에게나 제공하는 것은 아닙니다. 일정 수준 이상의 성과를 가지고 있어야 하는데요. 이때 성과란 첫째, 네이버 쇼핑라이브 제휴를 통한 기획라이브이거나, 둘째, 전월 쇼핑라이브를 진행한 창작자(판매회원) 중 매월 1일자로 업데이트된 실적이 시청자 수 1천 명 이상, 매출 500만 원 이상을 충족한 창작자일 경우를 말합니다. 해당 성과를 가지고 있다면 자동으로 검수처리 돼 라이브 예고 편성표에 들어가게 됩니다. 따라서 라이브 방송 초기일수록 기획라이브 신청을 통해 스케줄 배정을 노려볼 필요가 있습니다.

네이버 쇼핑라이브 기획전 제휴제안

| NAVER | 네이버 | 서비스 | 가치실현 | 홍보 | 투자정보 | 스토리 | 채용 | KOR ㅣ ENG | ☰ |

절차 안내 ㅣ **제휴제안 작성** ㅣ 검토 현황 조회

ⓘ 제휴제안은 시안에 따라 네이버(주)와 NAVER Cloud, NAVER INFORMATION & SERVICE(이하 I&S)에서 함께 검토할 수 있습니다.
ⓘ 제안자의 권리 보호를 위해 특허출원 되지 않은 기술은 핵심 기술에 대한 상세한 설명을 제외하고 작성해 주십시오.
ⓘ * 표시는 필수 기재 항목입니다.

제휴제안 내용

제휴 희망 사이트 *	네이버 ⌄
제휴구분 *	네이버 쇼핑라이브 ⌄
제목 *	11번가 판매1등 00고구마 라이브 제안 건
내용 *	1. 제안배경 ---- 2. 세부 제안 내용 ---- 3. 제휴 기대 효과 ----

제안자의 권리 보호를 위해 특허출원되지 않은 기술은 핵심 기술에 대한 상세한 설명을 제외하고 작성해 주십시오.

네이버 [제휴제안 작성] 페이지

스마트스토어를 통해 판매하는 일반 판매업체라면 네이버의 '제휴제안'을 활용해 쇼핑라이브 기획전에 도전할 수 있습니다. 판매 계정이 자동 노출 조건을 충족하지 못한다면, 제휴제안을 통해 꾸준한 지원을 받음으로써 선정 확률을 높이고 성장의 기회로 활용할 수 있습니다.

네이버의 첫 화면 최하단에 위치한 [제휴제안]을 클릭해 별도의 카테고리 선택 없이 [제휴제안 작성]을 클릭하면 제안 건을 작성할 수 있습니다. [제휴 희망 사이트]와 [제휴구분]은 각각 [네이버]와 [네이버 쇼핑라이브]를 클릭하고, [제목]은 차별화된 포인트를 담아 담당자의 관심을 끌 수 있도록 정합니다.

담당자는 많은 제안을 받기 때문에 성과가 기대되는 판매자의 제안을 우선적으로 확인할 가능성이 높습니다. 예를 들어 '11번가에서 1위를 차지한 ○○고구마 라이브 제안', '만족도 4.8, 재구매율 70%를 자랑하는 원피스 전문 스토어 라이브 제안'과 같은 제목으로 작성할 수 있습니다.

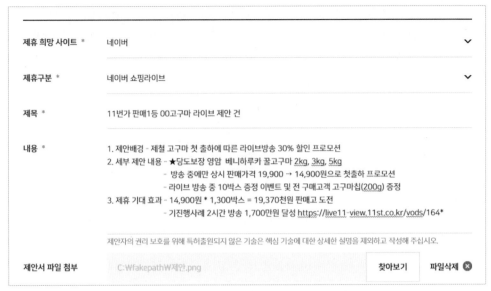

제휴 희망 사이트 * 　네이버

제휴구분 * 　네이버 쇼핑라이브

제목 * 　11번가 판매1등 00고구마 라이브 제안 건

내용 * 　1. 제안배경 - 제철 고구마 첫 출하에 따른 라이브방송 30% 할인 프로모션
　　　　2. 세부 제안 내용 - ★당도보장 영암 베니하루키 꿀고구마 2kg, 3kg, 5kg
　　　　　　　　　　　　　- 방송 중에만 상시 판매가격 19,900 → 14,900원으로 첫출하 프로모션
　　　　　　　　　　　　　- 라이브 방송 중 10박스 증정 이벤트 및 전 구매고객 고구마칩(200g) 증정
　　　　3. 제휴 기대 효과 - 14,900원 * 1,300박스 = 19,370천원 판매고 도전
　　　　　　　　　　　　　- 기진행사례 2시간 방송 1,700만원 달성 https://live11-view.11st.co.kr/vods/164*

제안자의 권리 보호를 위해 특허출원되지 않은 기술은 핵심 기술에 대한 상세한 설명을 제외하고 작성해 주십시오.

제안서 파일 첨부 　C:\fakepath\제안.png 　　　　　찾아보기　파일삭제 ✖

제휴제안 내용 작성 예시

제휴제안 문서를 작성할 때는 제공되는 양식을 활용해 간결하게 작성하되, 선정 담당자가 해당 제안에 흥미를 느낄 수 있도록 각 이슈별 어필 포인트를 중점적으로 작성하는 것이 좋습니다. [제안 배경]에는 시즌 상품이나 브랜드 이슈와 같이 트래픽이 예상되는 논리적인 이유를 제시합니다. [세부 제안 내용]에는 라이브 방송의 특가, 진행 콘셉트, 이벤트, 진행자 등의 어필 포인트를 작성합니다. [제휴 기대 효과]에는 예상 거래액과 예상 시청자 수를 기재하되, 도전적인 매출액을 제시할 경우에는 해당 매출액을 달성할 수 있는 근거로 과거 판매 이력을 확인할 수 있는 링크를 첨부하는 것이 좋습니다.

기획전 제휴 신청의 경우, 제한된 메인 노출 영역에서 광고 비용 없이 우리 방송을 노출시키며 시청자 트래픽을 유입할 수 있는 기회를 제공합니다. 어떤 업체를 선정할지 고민하는 네이버 MD의 입장에서 생각한다면 제휴제안 내용과 제안서를 쉽게 작성할 수 있습니다.

선정 여부는 이메일을 통해 안내되며, 검토 및 라이브 준비에 시간이 필요하므로 방송 희망 일정보다 2주에서 1달 정도 여유를 가지고 제안하는 것이 좋습니다.

숏클립은 어떻게 만들고
노출할 수 있나요?

1. 숏클립 제작 방법

① 소비자들의 반응을 통해 숏클립을 미리 구상합니다.

- 누가 봐도 사고 싶어지는 메시지를 담아 간결하게 구성하기
- 기존 방송 영상의 댓글을 살펴보며 다음 클립의 콘셉트와 상품 구성을 미리 계획하기
  (실시간 채팅이 아닌 댓글 형태로 운영하는 방식)
- 인기 급상승 노출 숏클립과 베스트 선정 숏클립을 참고해 콘텐츠 기획하기

  * 네이버쇼핑 파트너 공식 블로그 : https://blog.naver.com/naver_seller
    해당 블로그의 '숏클립 라이브 제안/공지' 게시판에서 '우수 숏클립' 확인 가능

② 처음부터 소비자의 시선을 사로잡을 수 있도록 임팩트 있는 도입부를 구성합니다.

- 상품의 특장점, 혜택 등을 텍스트나 연출로 강조하기

임팩트 있는 도입부를 잘 활용한 예시

2. 숏클립 등록 방법

① 상품구간 관리&하이라이트 관리에서 수동 또는 자동으로 숏클립을 추출합니다.(따라 하기 233p, 236p)

② 판매자가 툴을 통해 직접 만든 숏클립을 등록합니다.
- 기존에 제작해놓은 영상을 활용하거나 SNS에 등록된 영상(재생시간 2분 이내)을 가져다 쓰는 것도 가능
- 저작권 이슈 등 숏클립 운영 정책에 위반되지 않도록 주의하기

3. 숏클립의 노출 기회

숏클립은 현재 쇼핑라이브 홈, 사용자 마이페이지, 판매자의 채널페이지(라이브 탭, 상품상세), 네이버 메인(앱)의 좌측에 위치한 쇼핑라이브 판에서 노출되고 있습니다. 향후 스마트스토어 상세페이지의 대표 이미지 영역과 하단, 검색 페이지의 쇼핑검색과 통합검색, 카탈로그, 윈도 버티컬 서비스 등에서 미디어 콘텐츠 연동이 계획돼 있어 노출 영역은 더욱 확대될 전망입니다.

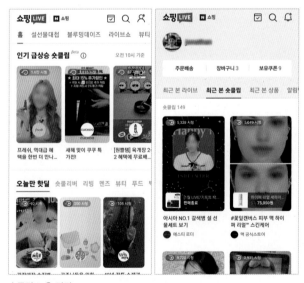

숏클립 노출 장면

4. 진행 기준 및 수수료

- 매출 연동수수료 일괄 3%, 노출에 따른 추가수수료 없음
- 씨앗 등급부터 숏클립 등록 가능
- 한 계정당 하루에 최대 100개 등록 가능

5. 숏클립 관련 툴 확대 계획

숏클립 제작과 효과성 측정 등을 한 툴은 다음과 같이 지속적으로 업그레이드될 예정입니다.

- 보유한 영상의 단순 등록뿐만 아니라 배속, 구간편집 등 에디팅 기능을 송출 앱에 추가
- 채널별로 등록한 숏클립의 반응과 유입을 확인할 수 있는 숏클립 채널 분석 전용 툴 제공
- 자사몰 라이브 기능(라이브 솔루션)에 숏클립을 활용할 수 있도록 검토

기획 숏클립부터 라이브 방송 기획전까지

[이벤트] 탭

[이벤트] 탭은 다양한 종류의 이벤트로 구성돼 있습니다. 모든 판매자들이 참여할 수 있는 '숏클립 기획전'부터 라이브 이력이 있는 새싹등급 이상의 판매자들에게 월 1회 노출을 지원하는 '블루밍 데이즈'와 같은 상시 이벤트가 있습니다. 또한 '지구여행자 위크', '가치삽시다', '도착보장특가'처럼 주제를 다르게 하는 비상시 이벤트도 있습니다.

이 중에서도 상시 이벤트 영역은 라이브커머스 초기 진입자들의 노출 기회를 개선하기 위한 영역이기에 특히 관심을 가져야 합니다. 네이버쇼핑 파트너 공식 블로그에서 '블루밍 데이즈' 기획전을 포함한 다양한 특가상품의 노출 가능 영역을 확인할 수 있습니다. 우리 업체의 상품을 적극적으로 제안함으로써 네이버의 독점적인 트래픽과 매출을 기대할 수 있습니다.

만약 오프라인 매장을 운영하며 특정 카테고리(펫, 리빙 등)에 속하는 윈도 입점 업체라면 쇼

기획전 공지 및 선정 발표

핑윈도 공식 블로그를 통해 '라이브 방송 기획전' 공지를 정기적으로 확인하고 제안서를 제출할 수 있습니다. 라이브 주제와 카테고리가 우리 업체에 부합하며, 라이브 기획 조건을 우리 업체가 충족할 수 있다면 제안 대상으로 선정될 수 있습니다.

예를 들어 우리 업체가 디저트 상품을 판매하려 하고 푸드윈도에서 '주말에 뭐 먹지?'를 주제로 기획 라이브를 진행하려 한다면, 우리 상품과 푸드윈도 기획 라이브의 연관성이 높으므로 적극적으로 제안할 필요가 있습니다. 제안 방법은 기획전이나 윈도별로 조금씩 다를 수 있지만, 이어서 소개할 진행 방법대로 따라 한다면 어렵지 않게 지원할 수 있습니다.

기획전에 선정되기 위해서는 특히 이전 라이브커머스 진행 실적과 판매 이력을 고려해야 합니다. 그러나 '라이브 방송 n회 이상 진행 이력'은 제안의 최소 요건일 뿐, 선정 기준은 아닙니다. 방송 횟수가 적고 매출 실적이 상대적으로 낮더라도, 쇼핑 판 메인화면에 노출시킴으로써 시청자를 구조적으로 밀어넣어줬을 때 판매 성공 가능성을 판단합니다. 일정 수준 이상의 방송 퀄리티가 보장되지 않으면 많은 시청자를 모아도 판매가 어려울 수 있기 때문입니다.

제안서 선정에서 중요한 또다른 기준은 바로 상품력입니다. 기존에 많은 판매와 후기가 쌓인 상품을 라이브 방송에서 할인 특가로 제안한다면 당연히 선정될 가능성이 높아집니다. 검증된 상품이 라이브 방송 포맷으로 많은 시청자와 만나면 그만큼 매출이 높아질 수 있기 때문입니다.

제안서는
어떻게 써야 하나요?

제안서에 라이브 할인가, 예상 거래액 등을 작성할 때는 기존 판매이력이 근거가 될 수 있고 우리 업체가 대응 가능한 범위 내에서 도전적인 숫자를 제시해야 선정 확률을 높일 수 있습니다.

No	수정	상품번호	상품명	판매가	정상가	배송비정!
1	코디의 완성, 잡화	388764221	심리스 여성팬티 3종	2,900	5,800	무료
2	코디의 완성, 잡화	388704208	BASIC SOFT LONG SLEEVE 롱 슬리!	9,500	19,000	무료
3	스트리트룩 맨투맨	388700471	19FW 버티컬 로고 스웨트셔츠	34,500	69,000	무료
4	코디의 완성, 잡화	388508783	라이트 업 9부 포켓 레깅스	40,800	80,000	무료
5	코디의 완성, 잡화	388443349	라인업 9부 레깅스	39,600	80,000	무료

제안서 예시

- **상품** | 판매량이 높으면서도 기획전 콘셉트에 위배되지 않는 선에서 할인 폭을 크게 줄 수 있는 상품 순으로 리스트업합니다. 특히 대표 상품의 경우에는 소비자와 네이버 MD가 파격적이라고 느낄 수 있는 수준으로 가격 할인을 한다든지, 추가 제공 등의 이벤트를 적용한 상품을 선정하는 것이 좋습니다. 이는 기획전 선정에서뿐만 아니라 방송 진행 시 클릭율과 구매전환율을 높이는 중요한 도구가 됩니다.

- **특가** | 가격을 정할 때는 기획전 영역이 자체 라이브 방송에 비해 3배에서 5배 정도 더 많은 시청자를 확보할 수 있다는 점을 고려하면 결정하기가 수월해집니다. 비록 마진율은 떨어지더라도 판매액 자체가 커지면서 마진 절대 금액도 함께 높아지기 때문입니다.

  예) 기존 가격 10,000원, 상품 20% 마진율로 5개 판매 시 : (10,000×20%)×5개=마진 10,000원
  특가 9,000원, 상품 10% 마진율로 20개 판매 시 : (9,000×10%)×20개=마진 18,000원

- **진행 시간** | 가장 매출이 잘 나오는 시간대에 지원하되 스케줄 배정에 따라서 다른 시간대가 배정될 수 있습니다.

- **진행자** | 인플루언서나 유명인, 전문 쇼호스트가 출연하는 경우 이를 강조하면 좋습니다. 생산자나 제조회사 대표가 직접 출연하는 것도 어필 포인트가 될 수 있습니다.

- **라이브 이벤트** | 판매상품, 기프티콘 증정 등 즉각적인 반응을 일으킬 수 있는 이벤트를 추가하면 좋습니다.

- **참고 라이브 링크** | 과거에 진행했던 라이브 방송의 진행 수준과 판매실적 등의 진행 레퍼런스를 확인하기 위한 것입니다. 일정 수준 이상의 퀄리티가 보장된 라이브 방송을 공유해야 합니다.

- **라이브 콘셉트** | 공고에 드러나 있는 기획전의 진행 방향과 어우러지면서도 우리 업체만의 기획력을 보여줄 수 있는 콘셉트이면 좋습니다. 예를 들어 전체 기획전이 '주말에 뭐먹지?'라면 우리 업체의 기획전 세부 콘셉트는 '떡볶이VS호빵 빅매치', '오늘은 내가 스테이크 요리사!'와 같이 관심을 끌 만한 워딩과 진행 방향성으로 기획하면 좋습니다. 이렇게 하면 진행 대상에 선정될 확률이 높아질 뿐만 아니라 방송 진행 시 스토리 라인 구성에도 도움이 됩니다.

- **예상 거래액** | 앞서 설명했듯 도전적인 거래액을 제안하면 선정 확률이 높아집니다. 기존 라이브 예고 자동 노출 대상자 선정 기준(1회 방송 기준, 실적 1천만 원 이상)을 참고해 정하면 됩니다. 더불어 라이브 방송 여부를 떠나 온라인에서 해당 매출을 달성한 경험이 있는지가 더 중요합니다.

- **타사 매출 이력** | 기존 네이버 판매 아이디에서 확인이 힘든 경우 타사에서 달성한 매출 실적을 공유함으로써 선정 확률을 높일 수 있습니다. 타사에서의 진행 실적은 기획전 지원 업체의 판매력과 공급력(재고, 물류 등)을 한번에 확인할 수 있는 중요한 근거이기 때문입니다.

- **브랜드 이슈** | 신제품 론칭, 광고 및 체험단 등 홍보 활동의 집중, 판매 nnn건 돌파 등 소비자의 관심을 끌 만한 주요 이슈는 적극적으로 어필하면 좋습니다. 이러한 주요 이슈는 방송 중에도 멘트나 홍보 팝업 등과 같은 다양한 방법으로 활용해야 합니다.

—

라이브커머스
기획과
전략적 세팅
A to Z

—

누구나 콘텐츠를 만들어 올릴 수 있듯, 누구나 라이브 방송을 진행하는 쇼호스트가 될 수 있습니다. 하지만 모두가 성공적인 라이브 방송을 만들거나 높은 매출을 기록할 수 있는 것은 아닙니다. 라이브커머스 시장 규모는 점점 커지고 있고, 다양한 상품과 콘셉트가 나타났다가 사라지고 있습니다. 라이브커머스 시장에서 우리는 좀 더 전략적으로 방송을 기획하고 세팅해야 합니다. 집념을 가지고 콘셉트를 연구하고, 철저하게 방송을 준비한다면 성공할 수 있습니다. 이번 챕터에서는 전략적으로 라이브커머스를 기획하고 세팅하는 방법을 알아봅니다.

99

32

성공을 좌우하는
라이브커머스 기획

 나의 캐릭터는 무엇인가?

우리는 무수히 많은 1인 미디어 성공 사례를 봐왔습니다. 자신만의 콘텐츠를 통해 수익을 창출하는 이들이 늘어남에 따라 이제는 누구나 1인 미디어를 자연스럽게 받아들입니다. 유튜브를 중심으로 한 동영상 콘텐츠의 인기는 1인 창작자들의 성장과 함께 기존 미디어 콘텐츠 산업의 발전을 주도했습니다. 창작자들은 '크리에이터'로 불리며 개인 브랜드의 가치를 얻습니다.

수년 전부터 온오프라인 서점의 자기계발서적 코너에서 쉽게 발견할 수 있었던 키워드는 바로 '셀프 브랜딩'이었죠. 직업군과 상관없이 많은 이들이 셀프 브랜딩의 중요성을 강조해왔고, 그러한 흐름에 발맞춰 1인 크리에이터들은 자신만의 브랜드를 만들기 위해 가장 먼저 그들 자신의 캐릭터를 연구하는 데 집중합니다.

그렇다면 1인 미디어란 정확히 무엇일까요? 1인 미디어란 콘텐츠의 기획부터 제작, 출연, 송출까지, 모든 것을 창작자 스스로 해내는 것을 말합니다. 이미 우리에게 익숙한 많은 유튜브 크리에이터들처럼 말입니다. 1인 미디어를 통해 누구나 제작자가 될 수 있고, 출연자가 될 수도 있으며, 더 나아가 인플루언서가 될 수도 있습니다.

1인 미디어가 트렌드로 자리잡으면서 라이브커머스도 1인 방송의 시대가 되었습니다. 라이브커머스는 기획, 제작, 촬영, 출연, 송출까지 혼자서도 충분히 해낼 수 있도록 제작된 플랫폼이기에 1인 미디어에 매우 적합합니다. 그리고 1인 미디어에서 셀프 브랜딩이란 자신만의 캐릭터를 찾는 것과도 같습니다. 1인 미디어에서는 캐릭터가 곧 무기이기 때문입니다. 많은 유튜버들이 콘텐츠를 제작하기에 앞서 자신의 캐릭터를 연구하듯 본격적으로 라이브커머스를 준비하기 전, 자신만의 캐릭터를 파악하고 새로운 캐릭터를 구축해야 합니다. 지금부터 라이브커머스에 적합한 자신의 캐릭터를 찾는 방법을 알아보겠습니다.

나의 실제 캐릭터와 연관짓기

우선 스스로에게 '나는 어떠한 삶을 살았나?'라는 질문을 던져봅니다. 자신의 삶을 돌아봄으로써 자신이 무엇을 가장 잘 이야기할 수 있는지, 나는 어떤 사람인지 쉽게 알 수 있습니다. 이러한 과정을 통해 자신의 솔직하고 진정성 있는 모습을 드러내는 것은 라이브커머스 소비자들과 깊은 공감대를 형성하는 중요한 방법입니다.

실제로 최근 라이브커머스에서는 3040 여성 중 육아 경험이 있는 판매자가 많은 인기를 얻고 있습니다. 겉으로 보기에는 화려해보이는 방송인이지만, 사실은 같은 고민을 나누는 육아맘, 워킹맘이라는 점에서 소비자들에게 큰 공감을 얻죠. 꼭 화려해보이지 않더라도 상관없습니다. 무엇보다 중요한 점은 자신의 모습을 있는 그대로 캐릭터에 녹여내야 한다는 것입니다.

"안녕하세요. 직장 생활 15년, 워킹맘 10년, 저녁 주부, ○○엄마입니다. 우리 워킹맘들 정말 고생이 많으십니다. 직장 생활에, 육아에, 집안일까지…. 아무리 남편이 함께한다고 하더라도 내가 신경쓰지 않으면 속이 시원하지 않은 게 우리잖아요. 아침에 출근하면서 아이들 어린이집에 데려다주고, 퇴근 후 우리 가족 모두가 건강하게 먹을 수 있는 음식을 챙기고, 청소까지 깔끔하게 해야 맘이 놓이잖아요. 그래서 우리 워킹맘한테 필요한 게 뭡니까? 바로 스피드! 틈틈이 챙겨야 하는 우리 가족 건강! 빠르고 똑똑하게 챙겨보자고요! 자, 그래서 오늘 제가 준비한 상품은요~"

라이브커머스의 주 소비자는 3040 여성입니다. 그들의 공감대를 살 수 있는 나만의 배경을 활용하는 것이 가장 좋습니다. 3040 여성이 가장 관심 있는 육아, 생활뿐만 아니라 뷰티와 패션, 나아가 식품과 가전까지 무엇이든 연결할 수 있는 캐릭터를 찾아봅시다.

나의 부캐(부캐릭터)와 연관짓기

2020년대 초반부터 '부캐' 전성시대가 열렸습니다. '부캐'는 본래 게임에서 비롯된 용어입니다. 게임을 시작할 때 선택한 캐릭터가 있어도 점차 게임에 익숙해지다 보면 본인의 역량에 따라 부캐릭터를 키우기도 합니다. 이것을 줄임말로 부캐라고 부릅니다. 부캐는 TV 예능과 각종 온라인 콘텐츠에서 화제를 불러일으키며 트렌드로 자리잡았습니다.

특히 연예인들이나 인플루언서들 사이에서 부캐는 흔히 사용되어왔습니다. 본래 자신이 가지고 있던 캐릭터가 아니라 또 다른 새로운 캐릭터를 만들어 그 인물에 몰입하는 것입니다. 대표적으로 MBC 예능 〈나 혼자 산다〉에서 아나운서 전현무의 부캐 '무스키아', 코미디언 김경욱의 부캐 '다나카' 등이 있죠. 부캐는 유행을 선도하기도 하고, 음원 차트 역주행을 만들어내기도 하며, 단순한 동영상 콘텐츠에서 '짤'이나 실물 굿즈와 같은 2차 창작물로 탄생하는 등 많은 영향을 미칩니다. 부캐는 이제 연예인이나 인플루언서뿐만 아니라 우리의 일상에도 자연스럽게 스며들었습니다.

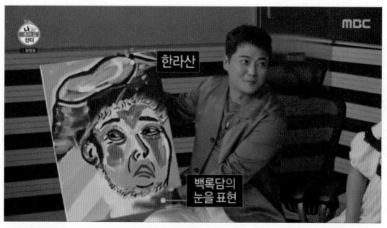

MBC 〈나 혼자 산다〉 캡처 – 전현무의 부캐 '무스키아'

지금은 '평생 직장'이라는 개념이 없어진 지 오래이고, N잡러를 꿈꾸는 사람들도 점점 늘어나고 있습니다. 누구나 1인 미디어를 만들어내거나 온라인 몰을 운영할 수도 있죠. 자신의 다양한 모습을 보여줄 수 있는 시대가 된 지금이야말로 나의 부캐를 적극적으로 활용할 수 있는 때입니다.

직장에서나 가정에서의 나의 모습이 아닌, 나의 취미나 관심사와 관련된 또 다른 나를 부캐릭터로 만들어내는 것이 유행처럼 번지고 있습니다. 평범해보일 수 있는 직장인 남성도 주말마다 등산이나 캠핑을 즐기는 부캐를 만들어 라이브 방송에 활용할 수 있습니다.

"안녕하세요. 감성 캠핑장에 오신 여러분 반갑습니다! 산을 타는 한국어 선생님, 산타한입니다. 오늘은 제가 ○○캠핑장에 왔는데요, 캠핑장에서 불 피우지 않고 화려하게 한상 제대로 차려 먹을 수 있는 감성 음식들을 소개하려고 합니다. 캠핑장에 올 때마다 예쁜 음식만 먹으려다 빈약하게 드셨던 분들, SNS 감성 사진까지 책임져드리겠습니다. 바로 오늘의 상품은 ○○밀키트 세트입니다. 짧은 시간에 간편한 조리는 물론이고요. 넉넉한 양과 깔끔한 뒤처리까지, 저 같은 배고픈 감성 캠핑족에게 딱입니다. 그리고 오늘 라이브 중 구매하시는 분들에게는 차박용 휴대용 LED 렌턴을 함께 드리니까요, 많은 참여 부탁드립니다."

물론 부캐를 가진다고 해서 해당 부캐와 관련이 있는 카테고리의 상품만 판매해야 하는 것은 아닙니다. 캠핑과 아웃도어를 사랑하는 부캐가 즐기는 식품, 의상, 가전, 차량용품 등과 같이 부캐와 관련지어 판매할 수 있는 상품은 무궁무진합니다.

앞서 언급한 나의 실제 캐릭터, 즉 본캐(본 캐릭터)는 나의 일상생활 또는 본업과 관련된 상품을 판매함으로써 소비자에게 공감과 신뢰를 줄 수 있습니다. 반대로 부캐는 나의 취미나 관심사와 연관 있는 상품에 관한 즐거운 경험을 소비자에게 전달함으로써 판매량을 증진시킬 수 있습니다.

TIP 　라이브커머스가 쉬워지는 실전 꿀팁! 　　　　　　　　　　　　　　　🔍

셀프 브랜딩을 하는 다섯 가지 방법

① 자신의 실체를 파악하고, 있는 그대로 인정하기

② 자신의 장점을 인지하기

③ 자신이 이룬 업적을 구체적으로 알기

④ 자신이 생각하는 이상적인 롤모델을 떠올려보기

⑤ 자신의 사명이 무엇인지 생각해보기

방송 카테고리 분석하기

라이브커머스의 장점은 언제 어디서든 스마트폰만 있으면 라이브 방송이 가능하다는 것입니다. 이러한 장점을 살리기 위해 카테고리의 특성을 이해해야 하며, 판매할 상품을 분석해야 합니다. 판매해야 할 카테고리에 따라 촬영하는 장소와 풀어가야 하는 방송의 초점이 달라지기 때문입니다.

카테고리별 추천 장소		
뷰티	실내	스튜디오
식품	실내	쿠킹 스튜디오, 요리 및 조리가 가능한 곳
	실외	원물의 산지
패션 잡화	실내	스튜디오, 매장 및 쇼룸, 전신이 보이는 구도가 잡히는 곳
키즈	실내	액티비티 현장
레저, 여행	실내	크로마키 또는 대형 모니터 앞
	실외	레저, 여행지 현장
테크	실내	스튜디오
	실외	테크 활용을 시연할 수 있는 곳
리빙, 가전	실내	스튜디오, 쇼룸, 가정집
	실외	상품을 활용할 수 있는 곳

예를 들어 뷰티 관련 상품은 실내 촬영을 권합니다. 뷰티 상품은 상품의 제형과 성분에 대한 설명을 중점적으로 소개해야 하기 때문입니다. 특히 성분에 대한 이슈에 굉장히 민감하기 때문에 소비자에게 신뢰를 줄 수 있도록 자세히 설명해야 합니다. 뷰티 상품의 특성상 사용되는 곳이 얼굴에 한정된 경우가 많고, 범위를 더 넓혀도 몸에 한정되어 있기 때문에 야외에서 촬영하게 될 경우 시선이 분산되어 상품에 집중도가 떨어질 수 있습니다.

식품은 조리 식품과 비조리 식품으로 나눌 수 있습니다. 조리 식품은 직접 조리를 해야 하기 때문에 조리가 가능한 환경을 만들어야 합니다. 조리를 할 수 있는 환경이 마련되어 있지 않다면 쿠킹 스튜디오를 대여하는 것을 추천합니다. 하지만 비용에 대한 부담이 있습니다.

자동차 분야의 테크 상품은 실내 공간에서 소개하기보다는 실외에서 자동차를 활용해 직접 시연을 선보이는 것이 좋습니다. 동일한 카테고리이더라도 상품에 따라 기존 홈쇼핑처럼 실내에서도 자세히 설명할 수 있지만, 실외에서 좀 더 생동감 있는 방송을 진행할 수 있는 상품들도 있습니다.

상품 스터디&업체와의 미팅에서 할 일

쇼호스트도 모든 상품을 직접 체험해보거나 브랜드를 전부 알기는 어렵습니다. 마찬가지로 모든 카테고리의 상품을 다루어보기도 쉽지 않습니다. 그렇기 때문에 쇼호스트는 판매할 상품에 대한 포괄적인 이해가 필요합니다. 쇼호스트는 길게는 방송 한 달 전, 짧게는 3일 전에 섭외되기도 합니다. 다시 말해, 몇 년 동안의 노력을 통해 기획 및 개발된 상품을 한 달 내에 공부해 같은 크기의 애정으로 소비자에게 소개해야 합니다.

비록 라이브커머스가 다른 플랫폼에 비해 상대적으로 자유롭다고 할지라도 이런 역할은 가볍게 다룰 수 없습니다. 상품 판매가 즉시 이루어지지 않더라도 다시보기를 통해 상품 설명을 듣게 될 소비자를 위해 정확한 정보를 전달해야 합니다.

물론 실수는 있을 수 있지만, 라이브 방송의 특성상 이미 발생한 오류는 되돌릴 수 없습니다. 따라서 잘못된 부분을 빠르게 대처할 수 있는 프로듀서와 채팅창에 상품에 대한 전문적인 답변을 제공하는 업체 담당자가 함께해야 합니다. 상품 개발과 판매를 위해 애쓴 해당 업체의 전문가들이 상품에 대해 가장 잘 이해하고 있기 때문입니다. 쇼호스트 역시 실수를 인정하고 대처하는 능력이 필요합니다. 실수를 인정하지 않고 대충 넘어가려 하면 섭외 기회를 잃을 수 있습니다.

업체와의 미팅에서는 업체가 전달하는 주요 포인트를 반드시 이해해야 합니다. 업체는 짧은 미팅 시간 동안 반드시 고객에게 알려야 하는 중요한 정보를 전달합니다. 어떤 업체는 회사의 연혁을 강조해 고객의 신뢰를 얻고자 할 수도 있습니다. 쇼호스트는 이러한 부분을 잘 숙지해 소비자를 성공적으로 설득할 방법을 연구해야 합니다. 실시간으로 들어오는 질문에 대응하기 위해서는 상품에 대한 충분한 학습과 연구가 필요합니다.

업체의 프리젠테이션이 끝나면 쇼호스트가 업체에 궁금했던 점들을 질문하는 시간을 가집니다. 이 시간을 최대한 효과적으로 활용하려면 상품에 대한 정보를 간단히 조사하고 미팅에 참석하는 것이 좋습니다. 사전 조사를 하며 궁금했던 사항들을 알 수 있고, 상품에 대한 관심을 보여줌으로써 업체에게 신뢰를 얻을 수 있는 중요한 순간이기 때문입니다. 만약 상품에 대한 사전 정보를 얻지 못했더라도 업체의 프리젠테이션에서 언급된 내용 중 추가 설명이 필요한 부분을 신속하게 파악하고 적극적으로 질문해야 합니다.

상품의 셀링 포인트 선정하기

라이브커머스 판매자의 주요 역할은 소비자의 마음을 읽어 판매로 이어지도록 하는 것입니다. 소비자와 소통하는 과정에서 소비자들의 연령대와 취향을 빠르게 파악하고 궁금증을 해소해주어야 합니다. 일반 홈쇼핑과는 다르게 라이브커머스에서 댓글은 소비자의 마음을 읽는 중요한 소스입니다. 만약 판매자가 소비자의 니즈를 잘 파악하지 못하면 소비자들이 방송을 이탈해 판매량이 줄어듭니다. 판매자는 댓글의 흐름을 빠르게 파악하고 그와 관련된 이야기를 하면서 상품의 셀링 포인트를 신속하게 전달할 수 있어야 합니다.

셀링 포인트란 상품의 특징이나 이점 중 소비자의 구매 욕구를 자극하는 부분을 의미합니다. 셀링 포인트에는 가격, 디자인, 편의성, 내구성, 유행 등 다양한 요소가 있습니다. 판매자는 업체와의 미팅이나 서치를 통해 상품의 특성을 충분히 이해한 후, 어떤 부분을 셀링 포인트로 잡을 것인지 연구해야 합니다.

예를 들어 어떤 상품에 관해 소비자들은 내구성을 중요하게 여기는 반면, 판매자는 계속해서 상품의 디자인만 강조한다면 셀링 포인트를 제대로 잡지 못한 것입니다. 판매자가 강조하는 셀링 포인트에 소비자들이 별 관심을 보이지 않을 때는 해당 셀링 포인트를 과감하게 넘기고 빠르게 다음 셀링 포인트를 언급해야 합니다. 만약 새로운 셀링 포인트로 인해 구매 전환율이 높아졌다면 남은 방송 중 해당 셀링 포인트만을 강조하는 것이 더 효과적일 수도 있습니다. 이렇듯 판매자는 소비자들의 반응을 실시간으로 살피며 상품의 셀링 포인트를 유연하게 조절해야 합니다.

방송에 노출될 캐치프레이즈 선정하기

라이브커머스에서 캐치프레이즈란 방송 섬네일에 사용될 제목입니다. 캐치프레이즈를 정할 때는 트렌디한 내용을 선호하는 라이브커머스 소비자들의 경향을 고려해야 합니다. 최근 유행하는 단어나 화제어를 활용해 소비자들의 관심을 자극하는 것이 효과적입니다.

그러나 크게 화제가 되어 다른 콘텐츠에서도 흔히 볼 수 있는 유행어는 지양해야 합니다. 지나치게 많이 사용된 유행어는 오히려 소비자들에게 지루함을 느끼게 할 수 있으며, 거부감을 불러일으키기 때문입니다. 유행에 편승하다 보면 상품의 특성이나 카테고리와는 전혀 관련이 없는 내용을 억지로 끼워맞추게 될 수도 있습니다. 상품의 특성과 신선함을 모두 살린 캐치프레이즈가 소비자들의 클릭을 유도할 수 있습니다.

또한 네이버 쇼핑라이브에서는 고객이 검색한 키워드가 예고페이지의 방송 제목과 일치하면 해당 소비자에게 방송이 노출될 수 있으므로 핵심 키워드를 고려해 작성해야 합니다. 상품의 특장점과 카테고리, 해당 상품을 찾는 소비자들이 자주 검색하는 단어, 시기성 등을 조화롭게 활용하면 좋습니다. 더불어 방송의 혜택도 함께 적어주면 좋습니다. 예를 들어 '어버이날 효도 선물은 ○○ 안마 의자! 라이브 구매 시 백화점 상품권 증정!'과 같이 캐치프레이즈를 적어볼 수 있습니다.

방송에서 사용되는 캐치프레이즈는 해당 상품의 상세페이지에도 반영돼야 합니다. 상세페이지 내의 캐치프레이즈는 쇼호스트가 자주 언급하게 되는 메시지이자 제작진이 중심으로 잡고 가야 하는 방송의 콘셉트입니다. 더불어 소비자들이 상품을 구매해야 하는 이유이기도 합니다. 캐치프레이즈를 선정할 때 '추천'과 같은 표현은 효과적일 수 있지만, 심의에 위반되지 않는 범위 내에서 사용해야 합니다.

예를 들어 '환절기에 훌쩍훌쩍하는 사람에게 추천하는 공기청정기'와 같은 표현을 사용함으로써, 직접적인 비염 치료를 암시하는 표현은 피하는 것이 좋습니다. 그보다는 판매 시기나 주제를 고려해 표현을 조절할 수 있습니다. 그래야만 더 넓은 타깃을 확보할 수 있습니다.

효과적으로 메시지를 전달하는
네 가지 표현

1. "시도해보세요."

"사주세요.", "구매하세요."와 같은 직접적인 표현은 구매를 강요하는 느낌을 불러일으킵니다. 하지만 "시도해보세요."라는 표현으로 바꿔 말하면 소비자들도 거부감 없이 제안을 받아들일 수 있습니다.

2. "~분들께 권해드립니다."

다양한 카테고리에서 응용할 수 있는 정중한 표현입니다. 소비자가 상품 선택의 주체라는 느낌을 주기 때문에 소비자는 존중받는 기분을 느낄 수 있습니다.

3. "~어떨까요?"

결정권을 소비자에게 넘겨주는 듯한 표현입니다. 하지만 앞서 소개한 두 가지 표현보다 다소 약하게 느껴질 수 있으므로 제안에 힘을 실어줄 수 있는 셀링 포인트가 뒤이어 나와주어야 합니다.

4. "~느껴보세요."

상품의 효과와 특장점을 즉각적으로 알 수 있는 카테고리일수록 효과적인 표현입니다. 특히 화장품이나 식품을 소개할 때 해당 표현을 사용하면 좋습니다. 상품을 꾸준히 사용했을 때 변화가 나타나는 상품일수록 추상적이고 관념적인 표현을 많이 사용합니다. 그럴 때일수록 심의에 위배되지 않는 선에서 감각적으로 와닿을 수 있는 메시지를 소비자에게 전달해야 합니다.

예) 혈류 개선으로 한결 깨끗해진 몸을 느껴보세요.(×)

매일 한 포로 달라진 아침을 맞이해보세요.(○)

깨끗하고 하얗게 밝아진 피부를 만나보세요.(×)

밤사이 달라진 피부를 느껴보세요.(○)

앞서 언급한 것처럼 방송의 콘셉트에 지나치게 집착하고 매몰될 경우, 상품과 콘셉트의 이질 감으로 인해 소비자가 방송을 이탈하는 일이 발생할 수 있습니다. 라이브커머스에서는 소비 자에게 재미를 줄 수 있는 콘셉트도 물론 중요하지만, 소비자가 쉽게 이해하고 흥미를 느낄 수 있는 정도가 가장 적당합니다.

예를 들어 SBS 드라마 〈펜트하우스〉의 콘셉트를 차용한 라이브 방송에서 유산균 상품을 판매 한다고 가정해보겠습니다. 오프닝에서 '펜트하우스에 사는 사람들이 선택한 유산균'이라는 콘 셉트를 소개했어도 방송 중간에 들어오는 소비자들은 쇼호스트가 왜 굳이 정장과 드레스를 입 고 유산균을 먹는지 이해하지 못할 수도 있습니다. 라이브커머스를 포함한 쇼핑 방송은 소비 자가 처음부터 끝까지 시청하는 방송이 아니라는 특징이 있기 때문에 방송 콘셉트나 스토리가 중요한 역할을 하기 어려운 경우가 있습니다. 언제, 어떤 소비자가 들어와 언제 이탈할지 모르 는 라이브 방송의 특성상, 콘셉트나 스토리에 너무 의존하는 것은 좋지 않은 선택입니다.

콘셉트는 업체와의 미팅에서 결정하는 것이 좋습니다. 만약 업체 없이 쇼호스트, 대행사, 프로 듀서만이 모여 콘셉트를 정한다면 업체만이 알고 있는 민감하고 예민한 이슈를 고려하지 못할 수도 있습니다. 아무리 좋은 아이디어일지라도 업체와 논의되지 않은 부분이 방송에 나가버리 는 불상사가 발생하면 그 방송은 실패로 돌아갈 확률이 높습니다. 따라서 콘셉트를 개발할 때 는 업체와 회의를 통해 의견을 조율함으로써 다시 콘셉트 회의를 해야 하는 일을 방지할 수 있 습니다.

콘셉트를 개발하기 위해서는 가장 먼저 타깃 고객을 분석해야 합니다. 누가 이 상품을 사용하는 지, 혹은 누가 이 상품을 구매하는지 파악해야 합니다. 그래야 콘셉트를 정할 때 소비자에게 전 달되기 쉬운 방식으로 접근할 수 있습니다. 예를 들어 상품 소비자의 연령대가 3040 여성이고, 상품을 사용하는 주요 대상이 아이들이라고 가정해보겠습니다. 상품을 실제로 사용하는 대상 을 고려하지 않은 채 방송의 콘셉트를 〈스트릿 우먼 파이터〉라는 예능 프로그램에서 차용한다 면 콘셉트와 상품이 자연스럽게 연결되지 않습니다. 그러므로 콘셉트를 정하기 전, 상품의 구 매 결정자가 누구이며 상품을 사용하는 주요 대상은 누구인지를 고려해야 합니다.

적절한 카테고리와 키워드 선정하기

처음 라이브커머스를 시작할 때는 자신이 가장 잘 이해하고 일상에서 관심을 갖고 있는 카테고리를 선택하기를 추천합니다. 판매자는 해당 상품에 대해 많은 지식을 가지고 있어야 하며, 무엇보다 그 지식을 잘 설명할 수 있어야 합니다. 소비자들의 신뢰를 얻고 전문가로 나아가기 위해서는 자신에게 가장 친숙한 카테고리를 고르는 게 좋습니다.

상품을 기획하고 제작한 사람들은 해당 상품의 처음과 끝을 함께했기에 고객들에게 충분히 신뢰감을 줄 수 있습니다. 그러나 다양한 상품을 판매하는 라이브커머스 판매자들은 대표 카테고리를 선택해야 합니다. 판매자를 떠올렸을 때 특정 카테고리가 먼저 떠오를 수 있도록 만드는 것이 첫 번째 단계입니다. 이후에는 소비자들의 질문에 성실하게 답할 수 있도록 상품과 관련된 다양한 이야기를 알아두는 것이 좋습니다.

예를 들어 스마트스토어에서 자동차 용품을 판매하거나, 평소 자동차에 관심이 많고 폭 넓은 지식을 가진 판매자라면 자동차 관련 카테고리를 선택할 수 있습니다. 자동차와 관련된 소형 기기나 청소 및 정리 용품과 같이 범위가 좁은 상품부터 시작함으로써 팬층을 쌓아가야 합니다.

SNS나 블로그, 스토어 관리를 할 때 무엇보다 중요한 것은 바로 '키워드 선정'입니다. 예를 들어 음식과 관련된 콘텐츠를 업로드하는 경우, '맛집'이라는 키워드로 경쟁을 하기에는 너무나 많은 게시물이 존재합니다. 그보다 특정 지역이나 음식 종류와 같이 세분화된 키워드를 선택해 경쟁 범위를 좁혀나가야 합니다.

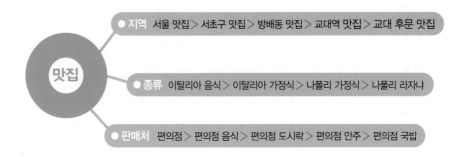

라이브커머스도 마찬가지로 카테고리를 선택했다면 키워드를 세분화하는 작업을 거쳐야 합니다. 예를 들어 음식 상품을 판매하는 경우, 음식의 형태를 기반으로 검색어를 좁힐 수 있습니

다. 밀키트나 레토르트 상품의 경우, 해당 상품을 소비하는 장소와 연관된 키워드로 세분화할 수 있습니다. 혹은 매운 음식, 수산물, 과일 등과 같은 세분화된 카테고리를 선택해서 전문 판매자로 인식하도록 만드는 것도 좋은 방법입니다.

뷰티 카테고리에서도 메이크업을 소주제로 선택한 후에 디테일한 키워드를 정하는 것이 중요합니다. 신입생 메이크업, 직장인 메이크업, 가을 메이크업, 색조 메이크업, 동안 메이크업, 외출 메이크업, 립 메이크업 등과 같이 세분화된 키워드를 활용할 수 있습니다.

또한 패션 카테고리에서는 남성룩, 여성룩, 여름 코디, 가을 코디와 같은 단순한 키워드 대신 출근룩, 애슬레저룩, 홈웨어, 캠핑룩, 데이트룩과 같이 상황에 맞는 스타일을 카테고리로 선택하는 것이 좋습니다. 스커트, 팬츠 등과 같은 단순한 키워드 대신 테니스 스커트, 와이드 팬츠와 같이 상세하게 아이템을 정의하는 것도 전문성을 높이는 방법입니다. 패션의 기호는 체형, 사이즈, 핏에 따라 다를 수 있으므로 오버핏, 빅사이즈와 같은 키워드가 좀 더 유용합니다.

뿐만 아니라 상품의 전문성과 판매자의 캐릭터를 연결해 전문적이면서도 공감을 얻을 수 있는 이미지를 구축할 수도 있습니다. 운동을 좋아하는 판매자의 경우, 운동과 관련된 여러 상품들을 소개할 수 있죠. 운동 후 먹는 음식, 체중 관리를 위한 건강기능식품, 운동복, 운동 용품, 운동 세트 등 카테고리를 넓혀가며 전문성을 키울 수 있습니다.

🎥 큰 틀 안에서의 약속, 큐시트 ▶

큐시트란 무엇일까?

큐시트란 방송이나 공연에서 연출 과정을 상세하고 간결하게 정리한 일정표입니다. 큐시트 하나로 모든 제작진과 판매자, 출연진이 방송 또는 공연의 순서와 진행 과정을 시간 순서에 따라 명확히 파악할 수 있어야 합니다.

라이브커머스의 큐시트도 마찬가지입니다. 기본적으로 시간대에 따라 무엇을 해야 하는지에 대한 세부사항이 명시되어야 합니다. 판매자부터 연출자, 카메라, 푸드스타일리스트, 비주얼 디렉터 등 현장에서의 모든 스탭이 이해할 수 있도록 작성해야 합니다. 큐시트는 라이브 방송에 참여하는 스탭과 출연진이 적재적소에 배치되고 진행이 원활히 이루어질 수 있도록 도움을

줍니다.

큐시트는 형식에 제약이 없기 때문에 큐시트의 종류를 명확히 나누기는 어렵습니다. 하지만 큐시트 안에 담기는 내용의 깊이에 따라 다음과 같이 나눠볼 수 있습니다.

① 상품 기술서에 있을 만한 내용을 모두 담아낸 큐시트
② 핵심이 되는 셀링 포인트만 간결하게 담아내고, 쇼호스트의 자유도를 높인 큐시트
③ 쇼호스트의 세세한 대사까지 전부 담아낸 큐시트

세 번째 큐시트의 경우에는 큐시트라기보다는 대본에 더 가깝습니다. 큐시트는 한두 장 분량으로 모두가 핵심 내용을 명확하게 파악할 수 있어야 합니다. 그것이 큐시트의 근본적인 역할입니다.

큐시트 작성 방법과
주의사항

큐시트는 라이브 방송에 참여하는 스탭들이 시간대별로 무엇을 해야 하는지 알려주는 내비게이션 역할을 합니다. 큐시트 작성 방법은 다음과 같습니다.

① 방송의 제목, 날짜, 시간, 촬영 장소, 콜타임, 판매자 등의 기본사항을 명시합니다.

② 방송의 목적을 간단하게 적습니다.

③ 판매하는 상품과 가격, 할인율을 구체적으로 기재합니다.

④ 라이브 혜택을 따로 소개하고, 방송 중 꼭 언급해야 하는 셀링 포인트를 정리합니다.

⑤ 시간대별로 소개해야 하는 상품의 부분들을 판넬 이미지와 함께 명시합니다.

모든 스탭이 효율적으로 움직이기 위해 화면 구성(이미지 및 영상), 카메라 워킹, 시연해야 하는 상품들의 준비사항까지 큐시트에 함께 명시하는 것이 좋습니다. 서로가 어떤 준비를 하고 있는지 알지 못하면 동선, 화면, 멘트가 뒤섞여 방송에 혼란을 줄 수 있습니다.

큐시트는 사전미팅을 통해 논의된 내용을 바탕으로 작성하므로 방송에 참여하는 이들 모두가 큐시트를 숙지하고 있어야 합니다. 또한, 큐시트를 토대로 리허설을 진행함으로써 서로의 약속을 다시 한번 꼼꼼히 확인하고 체크해야 합니다.

네이버 쇼핑라이브
세팅하기

| 진행 조건 및 사전 준비 | APP | 앱 설치 | '쇼핑라이브 스튜디오' 앱 설치(스마트폰) |
| | | 판매 상품 기획 | 기존 상품(스마트스토어) 셀렉/신상품 등록 |

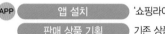

라이브 방송 예약	PC APP	라이브 예약	라이브 특가 등이 반영된 라이브 사전 예약
	PC	채팅 관리자 세팅	채팅 관리자 지정 및 진행 시뮬레이션
	APP	이벤트 세팅	라이브 중 진행 예정 이벤트 등록

라이브 사전 홍보	PC	예고 페이지 등록	예고 페이지 등록 및 캘린더 노출(조건 만족 시)
	PC APP	알림받기/시작알림 세팅	쿠폰 지급 등을 활용, 알림받기와 시작알림 유도
	PC	공유 기능 활용 홍보	URL 활용, SNS 등 다양한 채널에서 홍보

라이브 ON AIR	APP	미디어 등록	방송 중에 활용할 미디어 등록(이미지나 영상 등)
	APP	방송 리허설	예약된 방송과 동일 조건으로 사전 방송 연습
	APP	라이브 방송 진행	특가 및 메시지를 강조한 라이브 방송 진행
	PC	라이브보드의 운영	라이브 중 실시간 응대 및 이벤트 진행

방송 종료 및 방송 영상의 활용	APP	종료 및 다시보기의 활용	종료 시 다시보기 저장 및 활용
	PC APP	주문확인 및 배송(CS)	판매상품 주문 확인 및 배송(CS)
	PC	구간관리/하이라이트	구간관리/하이라이트 세팅 및 2차 노출(숏클립 포함)
	PC APP	통계 및 피드백	성과 분석(입점, 구매전환 등) 및 다음 방송 기획

앞의 그림은 방송 진행 흐름표입니다. 하나하나 순차적으로 따라 하면 누구나 수월하게 라이브 방송을 진행할 수 있습니다. 라이브커머스 점유율이 높은 네이버 쇼핑라이브를 중심으로 연습해보도록 하겠습니다.

네이버 쇼핑라이브 진행에 필요한 것들 ▶

네이버 쇼핑라이브 진행 조건

네이버 쇼핑라이브를 진행하기 위해서는 스마트스토어 새싹 등급 이상이거나 쇼핑윈도(스타일윈도, 푸드윈도 등) 입점업체여야 합니다. 스마트스토어는 최근 3개월간 판매건수와 판매금액에 따라 등급이 부여됩니다. 쇼핑라이브를 진행할 수 있는 조건을 충족하면 별도의 신청 없이 언제든지 라이브 방송을 진행할 수 있습니다.

진행 조건에 제한을 두는 이유는 판매자나 스마트스토어 등급 조건을 기준으로 꾸준한 판매와 관리가 이루어지는지 확인할 수 있고, 쇼핑윈도 입점업체의 경우 오프라인 매장이 가져다주는 신뢰로 방송 콘텐츠의 질을 높일 수 있기 때문입니다.

등급표기		필수조건		
등급명	아이콘 노출	판매건수	판매금액	굿서비스
플래티넘	🛡	100,000건 이상	100억원 이상	조건 충족
프리미엄	🛡	2,000건 이상	6억원 이상	조건 충족
빅파워	🛡	500건 이상	4천만 이상	-
파워	🛡	300건 이상	800만원 이상	-
새싹	-	100건 이상	200만원 이상	
씨앗	-	100건 미만	200만원 미만	

판매자 등급 산정 기준
- 최근 3개월 판매 건수, 판매금액 누적 데이터
- 구매확정 기준(부정거래, 직권취소 및 배송비 제외)
  예) 1월에 산정되는 등급은 이전 3개월인 10월 1일~12월 31일까지 내역으로 합산해 산정함

스마트스토어 판매자 등급 예시

스마트스토어 판매자라면 나의 등급을 [스마트스토어센터]-[판매자 정보]-[판매자 등급]에서 확인할 수 있습니다.

네이버 쇼핑라이브 수수료

수수료 체계 예시

라이브 방송과 다시보기 영상을 통해 소비자가 상품을 구매할 경우, 라이브 매출 연동수수료 3%에 네이버페이 주문관리 수수료가 합산돼 최소 4.8%~최대 6.6%가 과금됩니다. 다만 라이브 진행일 기준으로 소비자 1천 명 이상, 거래액 500만 원 이상 또는 전월 진행 라이브 누적 거래액 3천만 원 이상이 되어 라이브캘린더에 노출되는 경우에는 매출 연동수수료가 3%에서 5%로 변경됩니다.

네이버페이 주문관리 수수료의 경우에는 최근 6개월 내 국세청에 신고된 총 매출 금액의 규모에 따라 1.8%~3.3%가 별도 과금됩니다. 나의 과금 등급은 [스마트스토어]-[정산관리]-[정산내역] 내의 [수수료 과금 기준]에서 확인할 수 있습니다. 국세청에 신고된 나의 매출금액이 자동으로 반영돼 등급이 산정됩니다.

네이버 쇼핑라이브 스튜디오(앱) 설치 및 화면 구성

네이버 쇼핑라이브를 진행하고자 하는 판매자라면 세 가지 도구를 사용해 라이브 방송을 진행할 수 있습니다. 쇼핑라이브 관리툴(PC), 쇼핑라이브 스튜디오(앱), 스마트스토어 판매자센터(앱)입니다.

쇼핑라이브 관리툴(PC)은 라이브 및 홍보 페이지를 관리하는 용도로 쓰입니다. 반면 쇼핑라이브 스튜디오(앱)는 라이브 방송 송출에 사용됩니다. 웹을 기반으로 한 관리툴에서 방송을 예약하고, 예고 페이지를 등록해 홍보까지 마치고 나면, 쇼핑라이브 스튜디오에서 라이브 방송을 송출하는 것입니다. 물론 쇼핑라이브 스튜디오에서도 기본적인 라이브 방송 예약과 관리를 할 수 있습니다.

스마트스토어 판매자센터(앱)의 경우 스마트스토어의 관리 기능을 포함해 라이브 방송 송출 기능을 제공합니다.

네이버 쇼핑라이브 스튜디오 설치하기

01 ❶ 앱을 설치하기 위해 Play스토어(아이폰은 App Store)를 열고 ❷ '쇼핑라이브 스튜디오'를 검색합니다. ❸ 검색된 앱 우측의 [설치]를 누릅니다.

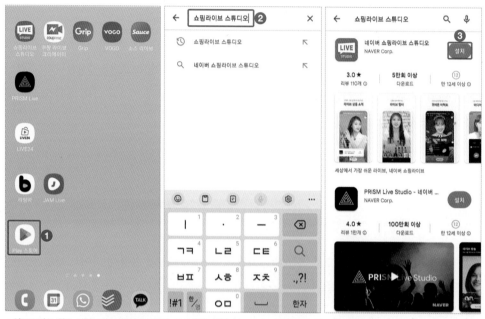

■ 안드로이드 최소 사양 : 안드로이드 9 이상, iOS 최소 사양: iOS 14.0 이상(2023년 9월 기준)
■ 쇼핑라이브 모바일 기기를 통해서만 가능하고 PC, 캠코더, 카메라 등은 송출 불가

02 설치된 앱을 열고 [네이버 로그인]이나 [스마트스토어센터 로그인] 중 쇼핑라이브가 허가된 아이디를 입력한 후 로그인합니다. 라이브 방송 진행 조건 미달인 경우 '쇼핑라이브 스튜디오 권한이 없습니다.'라는 메시지가 뜹니다.

아이디&패스워드 입력 화면, 연동할 스토어 선택 화면

네이버 쇼핑라이브 스튜디오 화면 구성

앱 로그인을 완료하면 방송 진행을 위한 주요 설정과 방송 진행 내역을 보여주는 '쇼핑라이브 스튜디오' 랜딩화면을 확인할 수 있습니다.

앱 랜딩화면

❶ **쇼핑라이브 교육** | 네이버 비즈니스스쿨 내의 쇼핑라이브 교육 페이지로 연결합니다. 방송 세팅 방법, 방송 기법 등 라이브 방송 진행을 위한 콘텐츠를 제공합니다.

❷ **앱 사용설문** | 앱&웹 관리, 라이브, 다시보기 등 라이브 방송 운영 중 불편사항을 접수해 개선을 요청합니다.

❸ **알림** | 기획전이나 무료 공간 대여 등 방송 판매자가 활용할 수 있는 주요 이벤트를 알려주므로 주기적으로 확인해야 합니다.

❹ **더보기** | 이용 가이드, 앱 알림설정, 라이브 설정 등 주요 공지확인 및 방송 환경 설정을 위한 메뉴입니다.

❺ **업체 로고&업체명&알림 수** | 스마트스토어 판매자센터에 등록된 업체 로고, 업체명, 알림 받는 고객 수가 표시됩니다.

❻ 라이브 진행 내역 대시보드 | 이미 진행한 방송 목록인 [지난 라이브 다시보기], 방송 진행을 위해 미리 예약한 [라이브 예약 목록], 모든 라이브 목록을 확인할 수 있는 [라이브 전체 목록], 등록된 모든 숏클립을 확인할 수 있는 [숏클립 전체 목록]으로 구성됩니다.

❼ 주요 공지사항 | 기능 개선, 저작권 및 심의 등 법적 이슈, 네이버 정책 변경 등 방송 판매자가 알아야 할 주요 이슈를 공지합니다.

❽ 라이브 | 예약된 라이브를 진행하거나 사전에 연습할 수 있는 리허설 기능을 제공합니다. 또한 대표 이미지와 상품을 지정하면 바로 라이브 방송을 진행할 수 있습니다.

❾ 숏클립 | 2분 이하의 짧은 영상, 제목과 설명, 소개할 상품, 공개 여부 등을 입력해 영상을 등록합니다.

영상 송출 스위처,
프리즘(PRISM)

네이버는 자체개발 소프트웨어인 '프리즘(PRISM)' 서비스를 제공합니다. 프리즘은 Windows (PC)와 스마트폰(모바일)에서 모두 사용할 수 있습니다. 쇼핑라이브 스튜디오가 일반인용이라고 하면 프리즘은 전문가용으로 이해할 수 있습니다. 쇼핑라이브 스튜디오가 간단한 화면 보정이나 미디어 기능을 제공하는 방송 도구라면, 프리즘은 DSLR(카메라), 마이크 등을 활용한 고퀄리티의 영상을 촬영하고 송출할 수 있는 방송 도구입니다.

프리즘은 화면 사이즈 조정, 다양한 화면 전환 등 실시간 화면 편집을 전문가 수준으로 구현합니다. 그와 동시에 네이버 쇼핑라이브를 비롯한 네이버TV나 유튜브, 아프리카TV 등의 채널에서도 영상을 송출할 수 있습니다. 스마트폰을 활용한 방송이 익숙해지면 프리즘을 활용해 방송의 퀄리티를 높이는 것도 좋은 방법입니다.

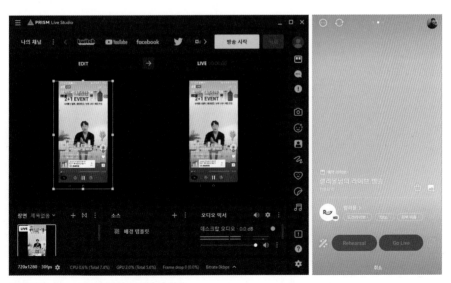

프리즘 Windows 앱 캡처화면, 모바일 앱 화면

프리즘 활용해 쇼핑라이브 도전해보기

아래 링크에 접속해 프리즘 활용 방법을 익혀보세요.

- 프리즘PC-쇼핑라이브 연결 가이드 https://blog.naver.com/naver_seller/222315469826
- 네이버 쇼핑라이브 송출 설정 가이드 https://blog.naver.com/naver_seller/222505431831
- 프리즘PC로 라이브 쉽게 시작하기 https://bizschool.naver.com/online/course/55953/lecture/1167516
- 바로 효과 보는 프리즘PC 기술 https://bizschool.naver.com/online/course/55954/lecture/1454980
- 네이버 쇼핑라이브 다양하게 꾸미기 https://bizschool.naver.com/online/course/55517/lecture/1454958

네이버 쇼핑라이브 관리툴(PC) 화면 구성

네이버 쇼핑라이브 관리툴(PC)

[쇼핑라이브 관리툴]은 PC버전 라이브 방송 스튜디오입니다. 스마트폰으로 방송을 세팅하고 관리할 때 어려움을 개선하기 위해 마련되었습니다. 예약된 라이브를 수정하거나 방송 중에 상품을 추가하거나 순서를 조정하는 것처럼 앱으로는 할 수 없었던 일들이 관리툴에서는 모두 가능합니다. 라이브 진행 권한이 있는 판매자라면 누구나 사용할 수 있습니다.

네이버 쇼핑라이브 하단의 [관리툴 연결]을 클릭하거나 직접 주소(https://tool.shoppinglive. naver.com/broadcasts)를 입력해 접속할 수 있습니다.

[쇼핑라이브 관리툴]은 크게 [라이브 목록], [예고 페이지 관리], [이벤트 조회], [숏클립] 페이지로 구성돼 있습니다.

라이브 목록

[라이브 목록] 페이지

[라이브 목록] 페이지에서는 신규 라이브를 등록하거나 예약할 수 있습니다. 대기 중이거나 종료된 라이브, 현재 라이브 중인 방송 전체 목록도 확인하고 관리할 수 있습니다. 특히 [라이브 불러오기] 기능은 판매자들의 편의를 높입니다. 기존에 등록해놓은 라이브 내용을 불러옴으로써 더 쉽게 신규 방송을 세팅할 수 있기 때문입니다.

또한 [라이브 목록] 페이지에서는 개별 방송의 이벤트를 등록할 수 있으며, 예고를 수정하거나 라이브보드 페이지로 접속할 수 있으며, 방송 내용을 수정할 수 있습니다.

예고 페이지 관리

[예고 페이지 관리] 페이지

[예고 페이지 관리] 페이지는 쇼핑라이브 캘린더와 기획전 노출을 위해 반드시 필요한 예고 페이지를 등록하는 페이지입니다. 어떤 방송이 진행될 예정인지 확인할 수 있으며, 방송 내용과 상품, 이벤트 등을 등록할 수 있습니다. 만약 우리 방송이 캘린더와 기획전에 노출되는 조건이 아니더라도 예고 페이지에 등록하면 네이버 검색결과에 노출됩니다. 따라서 방송 예약 후에는 예고 페이지에 반드시 등록해야 합니다.

이벤트 조회

[이벤트 조회] 페이지는 개별 방송에 세팅된 이벤트를 관리하는 페이지입니다. 세팅된 이벤트의 상태와 진행시간, 참여자 수, 당첨자 수, 당첨자 등을 확인할 수 있으며 기획된 이벤트를 운영할 수 있습니다.

[이벤트 조회] 페이지

숏클립

[숏클립] 페이지

[숏클립] 페이지에서는 고객들의 관심을 유도하고 상품 구매율을 높일 수 있는 숏클립 콘텐츠를 등록하고 관리할 수 있습니다. 한두 시간 분량의 기존 라이브와는 달리 숏클립은 최소 10초 이상, 최대 120초까지의 길이로 이루어진 짧은 영상입니다. 스마트스토어 씨앗 등급도 진행할 수 있어 접근성이 높습니다.

 **CHAPTER 03**

라이브 방송 준비하기

📹 **라이브 예약 등록하기** ▶

사전에 라이브 예약을 등록함으로써 해당 방송일까지 방송을 준비하며 소비자 확보를 위한 홍보를 진행할 수 있습니다.

01 ❶[쇼핑라이브 관리툴]에 접속합니다. ❷[라이브 목록] 페이지 우측 상단의 [라이브 등록]을 클릭합니다.

[라이브 목록] 페이지

02 ❸ 진행될 라이브 방송에 대한 주요 내용을 입력하고, 판매할 상품을 지정합니다. ❹ [등록]을 클릭해 방송을 예약합니다.(쇼핑라이브 스튜디오를 통해서도 방송을 예약할 수 있으며, 등록 방법은 동일합니다.)

[라이브 등록] 페이지

[라이브 등록] 페이지

❶ 라이브 타이틀 ｜ 최대 30자까지 방송명을 정할 수 있습니다. 검색결과 노출의 기준이 되므로 주요 키워드를 포함해 방송명을 정하는 것이 좋습니다. 검색결과 노출에는 방송명뿐만 아니라 판매하는 상품의 상품명도 반영됩니다.

❷ 대표 이미지 등록 ｜ 방송 내용과 상품을 한번에 이해할 수 있는 이미지(720×1280px, 최대 20MB)를 등록합니다. 글자를 포함한 이미지는 제외될 수 있으므로 주의해야 합니다. 대표 이미지는 방송과 방송을 이동하는 찰나에도 노출되기에 판매하는 상품을 잘 보여주는 매력적인 이미지를 등록해야 합니다.

❸ **라이브 예정일/시** | 방송을 진행하고자 하는 일자와 시간을 지정합니다. 라이브 일시는 라이브를 등록하는 현재 이후의 일정으로만 등록 가능하며, 예정일 2주 후까지 방송이 진행되지 않으면 자동 종료 처리됩니다.

❹ **라이브에 소개할 상품**
 – 상품검색 | 특정 키워드를 검색해 등록된 상품 중 판매상품을 찾을 수 있습니다.
 – 상품 URL | 판매하고자 하는 상품의 상품판매 페이지 URL을 입력합니다.
 – 상품코드 | 판매하고자 하는 상품의 상품코드를 입력하는 방법으로 상품을 추가할 수 있습니다.

❺ **노출 카테고리** | 판매하는 상품에 가장 적합한 카테고리를 선택합니다. 여러 카테고리에 걸쳐 있다면 [도전라이브]를 선택합니다. 쇼핑라이브 스튜디오로 바로 시작하거나 예약한 뒤, 카테고리를 선택하지 않을 경우에는 [도전라이브] 탭에 노출되며, 관리자에 의해 더 어울리는 카테고리로 옮겨질 수 있습니다.

❻ **라이브 검색 허용** | 네이버 검색결과와 주요 라이브 노출 영역에 무료로 노출되므로 [허용]을 클릭합니다. 다만 신상품 출시 등의 이슈로 사전 정보 공개를 최소화해야 한다면 [비허용]을 클릭합니다.

❼ **라이브 한줄 요약** | 할인율, 과거 판매 성과, 상품 히스토리 등 소비자에게 어필하고 싶은 메시지를 짧게 작성합니다.

❽ **자막 설정** | 음성 인식 기술을 통해 다시보기 영상에 자막이 노출되도록 설정하는 메뉴입니다. [사용함]을 클릭하면 방송 후 다시보기 화면에 자막이 노출됩니다.

❾ **라이브 혜택** | 특가 제공, 사은행사, 이벤트 등 라이브 방송에만 제공하는 이벤트를 공지하는 메뉴입니다. 최대 10개까지 추가할 수 있으며, 라이브 방송 화면 내에서는 공지사항과 함께 노출됩니다.

❿ **자주 묻는 질문** | 배송, 구매 방법, 교환&반품 방법, 상품 정보 등 고객이 궁금해할 만한 질문들을 미리 준비해둘 수 있어 쇼핑 편의를 높일 수 있습니다. 최대 50개까지 추가할 수 있으며, 라이브 방송 화면 내에서는 물음표 박스로 우측 하단에 노출됩니다.

⓫ **연동 동의** | 네이버 쇼핑라이브를 비롯해 네이버 서비스 채널에 해당 라이브의 노출을 허용할 것인지 여부를 결정하는 메뉴입니다.

03 [라이브 목록]을 통해 예약된 방송을 포함해 진행 중이거나 종료된 방송을 관리할 수 있습니다.

[라이브 목록] 페이지 - 상태 표시 화면

- 등록 완료된 예약 라이브는 라이브 상태 목록에 [대기]로 표시됩니다. 예약 라이브는 최대 5개까지 등록할 수 있습니다. 진행 완료된 방송의 경우에는 [종료]로, 라이브 중인 경우에는 [라이브중]으로 표시됩니다.
- 예약한 라이브 내용을 수정해야 하는 경우에는 해당 예약 라이브 우측에 [수정]을 클릭해 수정할 수 있습니다. 다만 방송이 종료된 경우에는 수정할 수 없습니다.

TIP 라이브커머스가 쉬워지는 실전 꿀팁!

- 진행한 라이브 방송의 영상을 다시 보고 싶은 경우에는 [더보기 ⋮]를 클릭하고 [복사]를 클릭합니다. 진행한 라이브 URL을 인터넷 주소창에 붙여넣기 하면 다시보기가 가능합니다.
- 예약된 라이브 방송이 취소된 경우에는 [더보기 ⋮]를 클릭하고 [삭제]를 클릭합니다.

라이브 특가는 라이브 방송 시간 동안에만 특별 할인가로 구매할 수 있는 혜택입니다. 라이브 특가를 설정함으로써 효과적으로 구매 전환율을 높일 수 있습니다.

01 ❶[라이브 등록] 페이지 내 [상품검색], [상품URL], [상품코드] 중 하나를 선택하고 ❷판매하고자 하는 상품을 등록합니다. ❸[LIVE 특가 설정]을 클릭하면 팝업창이 열립니다. ❹라이브 특가는 상품마다 개별 설정합니다. 외부 쇼핑몰 상품은 라이브 진행 상품에 넣을 수 없으며, 스마트스토어 상품으로만 설정 가능합니다.

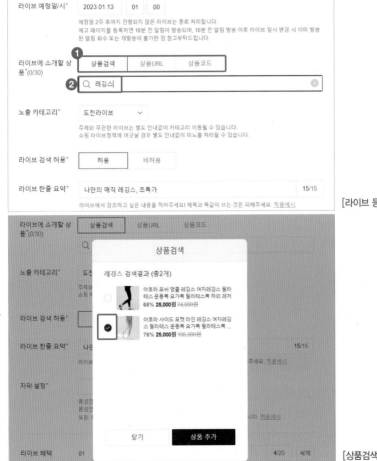

[라이브 등록] 페이지

[상품검색] 팝업창

등록된 상품 목록

02 ❶[LIVE 특가 설정] 팝업화면에서 [설정함]을 클릭하면 특가 상세 내용을 설정할 수 있습니다. ❷창작자(판매 회원) 기준으로 할인율 또는 할인가격을 입력합니다.

[LIVE 특가 설정] 팝업화면

- 판매가를 기준으로 할인율과 할인가격이 적용됩니다.
- 기존에 스마트스토어 즉시할인이 있더라도 특가를 적용하면 새로 설정한 할인율로 변경됩니다.
- 라이브 특가는 본방송이 시작되면 적용되며, 리허설에서는 확인 불가합니다.
- 라이브 특가를 잘못 설정한 경우, 쇼핑라이브 웹 관리툴을 통해 수정 및 등록할 수 있습니다.

03 LIVE 특가는 라이브 시작부터 [~라이브 종료], [~종료 후 1시간까지], [~종료 후 당일 자정까지] 중 적용 기간을 선택합니다.

적용 기간 드롭다운 화면

- 라이브 방송을 시작하는 시점에서 라이브 특가가 적용됩니다. 특가 적용 시간은 설정할 수 없습니다.
- 라이브 도중 특가를 설정한 경우에는 해당 시간부터 즉시 특가가 적용됩니다.
- 특가 기간이 종료되면 기존 스마트스토어 가격으로 원상복귀됩니다.
- 라이브 외의 경로로 상품 페이지에 접속해도 특가가 적용됩니다.

04 라이브 특가가 적용되면 해당 상품에는 [LIVE 특가] 스티커와 [라이브 특가] 배너가 노출됩니다. 단, 스마트스토어에서 [즉시 할인]을 설정한 상품은 [LIVE 특가] 스티커가 노출되지 않습니다.

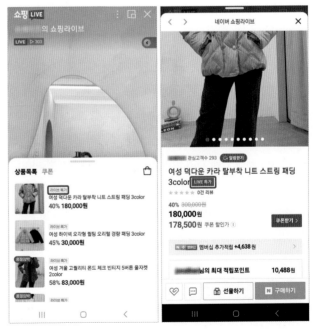

특가 스티커, 특가 배너

라이브 특가 홍보 방법

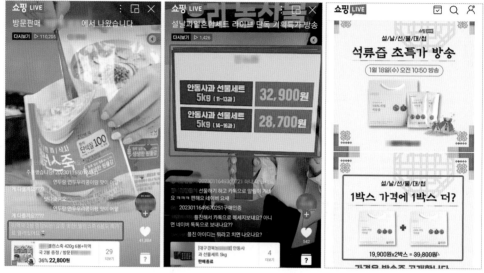

특가 공지사항, 손피켓, 라이브 예고 페이지

방송 사전홍보 기간과 라이브 방송 중에는 네이버 쇼핑라이브에서 제공하는 다양한 도구를 활용해서 특가와 같은 베네핏을 적극적으로 홍보해야 합니다. 특가 홍보를 위해 다음 다섯 가지 방법을 활용할 수 있습니다.

❶ **상품 고정 기능** │ 쇼핑라이브 앱을 통해 상품을 구성할 경우 고정 기능을 이용할 수 있습니다. 고정한 상품은 라이브 메인화면에 노출되며, 특가 스티커가 나타납니다.

❷ **공지사항** │ 쇼핑라이브 관리자는 채팅창을 통해 고정 문구를 설정할 수 있습니다. 말풍선을 터치한 후 아이콘을 눌러 해당 제품이 현재 특가로 제공되고 있음을 안내할 수 있습니다.

❸ **라이브 혜택** │ 웹 관리툴을 통해 라이브를 등록하면 라이브 혜택란이 나타납니다. 최대 10개까지 입력 가능하며, 입력된 내용은 라이브 화면에 노출됩니다.

❹ **손피켓 제작** │ 라이브 특가 외에도 여러 가지 혜택이나 설명이 필요한 내용을 피켓으로 제작하는 것을 권장합니다. 손피켓을 만들면 설명하기 수월해지고, 소비자들도 한눈에 혜택을 파악할 수 있습니다.

❺ **라이브 예고 페이지** │ 예고 페이지 내에 'n일 n시 ○○라이브 특가로 제공'과 같은 문구를 삽입함으로써 기존에 소식 알림을 설정해놓은 소비자들을 유입시킬 수 있습니다.

적립 및 할인 이벤트 시 주의할 점

라이브 방송에서 적립 및 할인 이벤트를 진행할 때는 몇 가지 유의사항이 있습니다. 먼저, 최종 혜택가에 대한 설명이 명확히 이루어져야 합니다. '최종 혜택가'를 '최저가'로 오해하지 않도록 강조해야 합니다. 다른 플랫폼에서 더 저렴한 제품이 있는지 반드시 확인해야 하며, 차별화된 가격 조건을 제시해야 합니다. 만약 사실과 다를 경우 댓글에서 소비자들이 불만을 표출하면 다른 고객들까지 불신이 생깁니다. 결국 판매자와 자사몰, 스토어 모두가 신뢰를 잃는 불상사가 발생합니다.

특히 방송 중 최종 혜택가를 언급하는 경우, 실제 결제 시점에서 최종 혜택가가 확인되기 때문에 몇몇 소비자들은 최종 혜택가를 명확히 인식하지 못하는 경우가 있습니다. 이럴 때 판매자는 보다 더 적극적으로 최종 혜택가에 대한 설명을 해야 합니다. 더불어 댓글에서 혼란이 발생할 때 판매자는 정확한 혜택 정보와 카드사 할인 혜택을 소개해야 합니다.

만약 판매자가 이를 잘 짚어내지 못한다면 PD와 스탭들이 정확한 정보를 판매자에게 빠르게 전달해야 합니다. 이런 일이 발생하지 않도록 사전에 여러 차례 꼼꼼히 체크해야 합니다.

방송 중에 특가 상품을 오픈해 소비자의 참여를 이끌어내는 방법도 있습니다. 메인 상품이 아닌 서브 상품을 특별가로 한정 수량만 판매하는 것입니다. 이러한 이벤트는 방송 시작과 동시에 진행되기도 하지만, 방송 도중 유입되는 소비자들을 위해 방송 중간에 언급하는 것도 효과적입니다. 당일 깜짝 혜택이 있다는 것을 계속해서 언급함으로써 소비자들의 시청 지속시간을 늘릴 수 있습니다.

상품에 따른
판매 콘셉트 기획하기

라이브 방송을 통해 상품을 판매하는 경우, 한정된 방송 시간과 제한된 특가 제공기간 정책을 잘 활용해야 합니다. 방송 시간은 최대 2시간입니다. 특가 제공기간은 라이브 종료까지, 라이브 종료 후 1시간까지, 종료 후 당일 자정까지로 구분됩니다. 24시간 내내 판매하는 일반 스마트스토어를 비롯한 이커머스와 달리, 라이브커머스는 한정된 시간 내에 특별 할인된 가격으로 가성비 높은 상품을 판매한다는 특징이 있습니다. 물론 맹목적인 할인 이벤트보다는 시즌 할인과 같이 명분이 있는 콘셉트를 기획하는 것이 좋습니다.

1. 기존 상품을 활용하는 방법

라이브커머스에서 기존에 판매하고 있던 상품을 판매하고자 한다면 그중 어떤 상품을 판매할 것인지 미리 선택해야 합니다. 그리고 고객이 반응할 만한 콘셉트와 가격으로 재구성해야합니다. 특히 잘 팔리는 상품이거나 반대로 반응이 없는 상품을 중심으로 라이브 특가나 사은품과 같은 베네핏을 제공하면 좋습니다. 판매를 재촉진시킬 수 있기 때문입니다.

가격이 높거나 활용도에 대한 고민이 있어 구매를 망설이고 있는 상품이나, 평소 자주 사용하고 구매하는 상품의 특가 할인 이벤트는 소비자가 지갑을 열게 하는 데 효과적입니다. 한두 개(혹은 5개 이하) 상품에 집중해 파격적인 할인 혜택을 제공하거나 주력상품과 서브상품을 최대 30개까지 다양하게 구성함으로써 구매전환율을 높이는 방법도 유용합니다.

2. 신규 상품을 활용하는 방법

신상품 첫 공개라든지 방송 중에만 살 수 있는 라이브 방송 전용상품은 고객에게 기대감을 심어줌으로써 매출을 기대해볼 수 있는 판매 방식입니다. 특히 라이브 영상으로 소비자를 만나 신제품을 소개하고, 실시간으로 질문과 답을 주고 받을 수 있어 신규 상품을 집중적으로 노출할 수 있습니다. 라이브커머스 전용상품 또한 한정수량이라는 특성으로 소비자에게 어필이 가능한 노출 방식입니다.

라이브 채팅 관리자 세팅하기

라이브커머스의 가장 큰 매력은 채팅을 통해 소비자와 실시간으로 소통할 수 있다는 것입니다. TV홈쇼핑처럼 정보를 일방적으로 전달하는 게 아니라 소비자와의 양방향 대화를 기반으로 방송을 이끌어가죠. 하지만 다수의 소비자를 상대로 한두 명의 판매자가 소통을 하다 보면 질문이나 요청사항, 대화의 흐름을 놓치기도 합니다. 또한 새로 유입된 소비자가 방송의 흐름을 이해하지 못해 흥미를 느끼지 못하고 나가버리는 경우도 발생합니다. 판매자가 일일이 채팅 답변을 달면서 방송을 진행하다 보면 오히려 소비자의 몰입도는 떨어집니다. 따라서 방송을 도와주는 스탭이 채팅 관리자의 역할을 수행해야 합니다. 채팅 답변을 달아줌으로써 소비자의 이탈을 줄일 수 있습니다.

라이브 채팅 관리자 등록 방법

01 ❶ 쇼핑라이브 스튜디오 앱에서 [더보기⫶]를 터치합니다. ❷ 라이브 방송 환경을 설정할 수 있는 메뉴가 열리고 이 중 [채팅관리자 등록]을 누릅니다.

앱 랜딩화면, 채팅 관리자 설정 페이지

02 **①**[네이버 아이디 등록 및 확인]을 터치하고 **②**라이브 채팅 관리자로 지정하고자 하는 스탭의 네이버 아이디를 입력합니다. 스탭은 최대 3명까지 등록 가능합니다.

[라이브 채팅 관리자 등록] 페이지

03 스탭으로 등록된 아이디로 네이버에 로그인하면 일반 소비자처럼 채팅에 참여할 수 있습니다. 라이브 방송 시작 후에는 스탭이 작성하는 모든 댓글의 색이 일반 소비자와는 다르게 나타나므로 댓글 작성 시 주의해야 합니다.

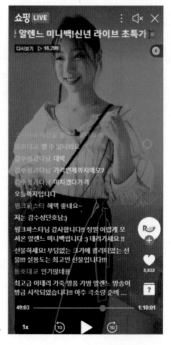

컬러가 다른 채팅 관리자 댓글

라이브보드에서 댓글 고정하기

채팅 대응만 가능한 라이브 채팅 관리자 계정과 달리, [쇼핑라이브 관리툴]-[라이브 관리]-[진행 라이브]-[라이브보드] 내의 [라이브 채팅보드]에서는 내용을 작성한 후 우측 고정 핀📌을 누르면 메시지가 고정돼 공지 효과를 낼 수 있습니다. 고정형 댓글의 경우 하나의 댓글만 고정할 수 있습니다. 이후 추가적으로 댓글을 고정하면 기존에 작성했던 고정 댓글을 사라지므로 주의해야 합니다.

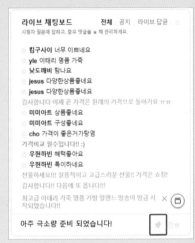 

고정핀이 보이는 채팅창, 공지 화면 예시

📹 **이벤트 세팅하고 다양하게 활용하기** ▶

적절한 이벤트를 활용하면 소비자의 관심을 유도할 수 있고 체류시간도 늘릴 수 있습니다. 이로써 라이브 방송이 활성화됩니다.

현재, 라이브 전이나 라이브 중에 활용할 수 있는 이벤트로는 [채팅 이벤트] 기능이 있습니다. 채팅으로 소비자와 소통하며 특정 댓글을 선정해 이벤트에 당첨시키는 기능입니다. 이외에도 다양한 이벤트 툴과 리워드 타입 이벤트가 향후 추가될 예정입니다.

이벤트 등록하기

01 ❶[쇼핑라이브 관리툴]에 접속합니다. ❷[라이브 관리] 페이지에 들어가 [라이브 목록] 내 [이벤트 등록] (혹은 라이브 보드 내 [이벤트 등록])을 클릭해 이벤트를 등록할 수 있습니다.

[이벤트 등록] 페이지

❶ **이벤트명** ┃ 뷰어 및 예고 페이지에서 소비자에게 보일 이벤트 제목을 작성합니다. 예) 구매인증 하고 스타벅스 쿠폰 받자!

[이벤트 등록] 페이지

② 미션 | 이벤트 참여 방법을 설명합니다. 예) 구매 후 구매 번호를 포함해 채팅을 남겨주세요.

③ 미션 키워드 | 10글자 이내로 최대 5개까지 입력 가능하며, 해당 키워드가 포함된 채팅만 참여로 집계됩니다. 예) #구매인증, #삼행시

④ 보상 인원 | 설정 인원에 맞게 당첨자를 선정해야 결과를 발표할 수 있습니다. 예를 들어 보상 인원이 10명인 경우, 10명을 모두 선택해야 결과를 발표할 수 있습니다. 참여자 인원이 보상 인원보다 적은 경우에만 보상 인원보다 적은 당첨자를 발표할 수 있습니다.

⑤ 경품명 | 당첨 시 제공되는 경품의 이름을 작성합니다.

⑥ 경품 이미지 등록 | 이벤트를 잘 드러낼 수 있는 이미지를 업로드합니다. (340×340px, 최대용량 20MB)

⑦ 당첨정보 입력URL | 경품을 지급받기 위한 정보(배송지 주소, 전화번호 등)를 입력한 페이지의 URL을 기재합니다. 당첨자에게만 해당 영역에 [당첨정보 입력]이 노출됩니다. 보안사고 예방을 위해 URL은 네이버폼으로만 등록할 수 있으며, 개인정보 수집에 대한 동의를 해야 합니다.

⑧ 당첨정보 입력기한 | 판매자가 설정한 기한까지만 [당첨정보 입력]이 활성화됩니다. 해당 기한은 당첨자의 [마이]–[혜택함]–[경품] 탭에 노출되며, 해당 페이지에서 배송지 주소, 전화번호 등의 정보를 입력할 수 있습니다.

⑨ 당첨자 상세고지 | 당첨자의 [마이]–[혜택함]–[경품]–[경품상세] 페이지 내에 노출될 안내사항을 입력합니다. 배송 예상 일정, 제세공과금 안내 등 부가적으로 안내가 필요한 사항을 입력합니다.

이벤트 관리하기

이벤트를 하나 이상 등록하면 [이벤트 등록] 버튼이 [이벤트 관리]로 변경됩니다. [이벤트 관리] 페이지 내에서 이벤트를 추가하거나 이벤트 수정, 참여자 조회, 당첨자 선정을 할 수 있습니다.

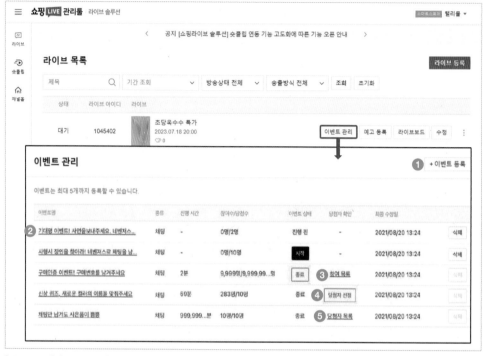

[라이브 관리], [이벤트 관리] 페이지, 출처 : 네이버 쇼핑 파트너

① **이벤트 등록** ┃ [이벤트 등록]을 클릭하면 등록 화면으로 이동합니다. 이미 5개가 등록된 경우 해당 버튼은 비활성화됩니다.

② **이벤트명** ┃ 이벤트명을 클릭하면 이벤트 수정 화면으로 이동합니다.

③ **참여 목록** ┃ 방송 진행 중인 현재까지 집계된 참여자를 확인할 수 있습니다.

④ **당첨자 선정** ┃ 이벤트 종료 후 집계된 채팅 중 당첨자를 선정하고 발표할 수 있습니다.

⑤ **당첨자 목록** ┃ 방송 종료 및 당첨자 발표 후에 당첨자 리스트를 확인할 수 있습니다.

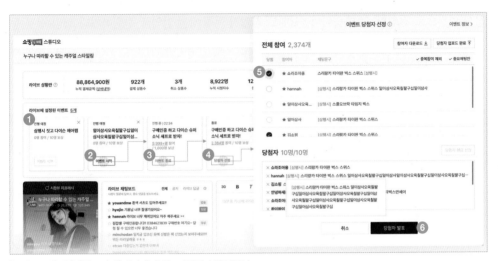

[라이브보드] 내 [이벤트 관리] 페이지, 출처 : 네이버 쇼핑 파트너

❶ **진행 예정** | 라이브 시작 전에는 이벤트를 시작할 수 없습니다. 라이브 이벤트는 [뷰어]–[이벤트] 페이지, 예고 페이지 하단, [홈]–[바로 지금! 라이브 찬스]–[혜택] 문구 영역에 노출됩니다.

❷ **이벤트 시작** | 라이브 중 [이벤트 시작]을 클릭해 이벤트를 시작합니다. 설정한 키워드 조건에 맞는 채팅 집계를 시작합니다. [참여자수]를 클릭해 참여자 목록을 확인할 수 있습니다.

❸ **이벤트 종료** | [이벤트 종료]를 클릭해 집계를 종료합니다. 라이브가 끝나면 이벤트는 자동 종료됩니다. 이벤트를 종료한 이후에 당첨자를 선정할 수 있으므로 반드시 이벤트를 먼저 종료해야합니다. 이벤트를 시작하거나 종료한 이후에는 수정 또는 삭제할 수 없습니다.

❹ **당첨자 선정** | 이벤트 종료 후에 당첨자를 선정할 수 있습니다. [당첨자 선정]을 클릭하면 팝업창이 뜹니다.

❺ **이벤트 당첨자 선정** | 관리툴에서 설정한 보상 인원만큼 채팅을 통해 직접 선정하거나, [당첨자 랜덤 선정] 기능을 통해 전체 인원을 랜덤으로 선택하거나, 참여자 엑셀파일을 다운로드한 후 당첨자를 체크해 업로드하는 형태로 선정할 수 있습니다.

❻ **당첨자 발표** | 해당 버튼을 클릭하면 뷰어에 당첨자가 공개되며, 당첨자의 [마이페이지]에 내역이 노출됩니다. 이후 [당첨자 목록]이 활성화되면 선정한 채팅 목록을 확인할 수 있습니다. 원활한 안내를 위해 가급적이면 라이브 방송 중에 발표하는 것을 권장합니다.

당첨자 선정하기

이벤트 종료 후 진행 라이브의 [이벤트 관리] 페이지에서 [당첨자 선정]을 클릭하면 당첨자 선정 팝업창으로 진입할 수 있습니다. 이벤트 참여자 목록에서 임의로 선택하거나 랜덤 선정 등의 방법으로 당첨자를 선정할 수 있습니다. 혹은 [라이브보드]에서 추첨 대상을 미리 중요 표시로 마킹해두면 편하게 찾을 수 있습니다.

01 ❶ 참여자 목록에서 직접 선택해 선정합니다. [당첨자 랜덤 선정]은 보상 인원이 많은 경우 활용도가 높습니다. 단, 랜덤 선정 시 기존 선택 인원은 초기화됩니다. ❷ 하단에서 선정된 당첨자를 확인할 수 있습니다. 취소하고 싶은 경우 좌측의 [×]를 클릭합니다. ❸ [참여자 다운로드]를 눌러 엑셀 파일을 다운로드합니다. 선택 상태를 [Y]로 변경한 후 참여자를 업로드해 당첨자를 선정합니다.

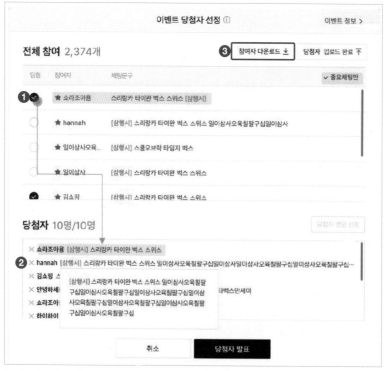

[이벤트 당첨자 선정] 페이지, 출처 : 네이버 쇼핑 파트너

02 당첨자에게는 당첨 안내 팝업창이 뜹니다. 하단의 [당첨정보 입력]을 누르면 미리 설정한 네이버폼으로 자동으로 연결됩니다.

당첨자에게 노출되는 팝업창
출처 : 네이버 쇼핑 파트너

소비자의 반응을 이끌어내는
방송 중 이벤트

댓글을 달지 않고 방송을 시청하는 소비자가 많습니다. 그러한 소비자들이 댓글을 남기도록 유도하면 방송 시청 지속시간을 늘리는 데 도움이 됩니다. 댓글을 유도하기 위해 구매인증 이벤트 외에 다양한 고객 참여 댓글 이벤트를 진행하는 것이 좋습니다. 구매를 하지 않고도 댓글을 남기면 상품을 증정하는 이벤트를 진행하는 것입니다.

더불어 자사몰에서 진행하는 라이브 방송은 회원가입 후 아이디를 만들어야 댓글을 남길 수 있는데, 이러한 과정은 소비자가 댓글을 작성하기 꺼리게 하는 큰 장벽이 될 수 있습니다. 따라서 대부분의 자사몰 운영사들은 회원가입을 유도하기 위해 댓글 이벤트를 진행합니다.

1. 자사몰 포인트 혜택 증정

댓글을 남긴 모든 참여자에게 자사몰의 포인트를 지급하는 이벤트를 진행할 수 있습니다. 포인트를 받기 위해 회원가입한 소비자들은 댓글을 작성하기 시작하고, 라이브커머스 팬으로 남는 경우가 많습니다. 이런 소비자들에게는 알림설정과 마케팅 수신 동의까지 유도할 수 있습니다. 이러한 방법이 무리일 수도 있겠지만, 포인트를 제공함으로써 다른 상품의 매출에도 도움이 되는 긍정적인 효과를 기대할 수 있습니다.

2. 재미 있는 방송 관련 이벤트

퀴즈 이벤트, 삼행시 대결, 사연 이벤트와 같이 재미있는 요소를 통해 소비자의 반응을 이끌어내는 방법도 있습니다. 퀴즈 이벤트는 소비자들의 시청 지속시간을 늘릴 수 있고, 삼행시 대결은 재미를 공유하는 경험을 소비자들에게 제공합니다. 사연 이벤트는 다른 시청자들과 공감대를 형성하며 상품과 브랜드의 긍정적인 이미지를 만들어냅니다. 무엇보다 이벤트를 통해 방송의 콘셉트와 브랜드의 상품이 조화를 이루도록 해야 합니다.

LIVE CHAPTER 04

라이브 방송
사전 홍보하기

라이브 예고 페이지 관리하기

라이브 예약 후에는 방송 내용과 더불어 할인, 이벤트 등 다양한 혜택을 소개하는 예고 페이지를 작성해야 합니다. 라이브 예고 페이지가 있어야만 예약한 방송이 라이브 캘린더와 네이버 검색결과에 노출될 수 있기 때문입니다. 라이브 종료 후에도 소비자들이 등록한 댓글에 답댓글을 작성하거나 본문 내용을 수정해 이벤트 당첨자 발표에도 이용할 수 있습니다. 특히 답댓글을 달면 댓글 작성자에게 알림이 발송되므로 소통의 도구로도 유용하게 사용할 수 있습니다.

예고 페이지 예시

01 ❶ [쇼핑라이브 관리툴]에 접속합니다. ❷ [예고 페이지 관리]를 클릭한 후 ❸ 페이지 우측 상단의 [새 라이브 예고 페이지 등록]을 클릭합니다.

[라이브 예고 페이지 조회] 페이지

02 예약된 라이브 방송을 불러와 해당 방송이 어떤 내용으로 진행될지에 대한 전반적인 내용을 입력합니다.

④ 라이브 소개*

작성된 내용이 있습니다.
SmartEditor ONE PC/모바일 어디서나 수정 가능합니다.

SmartEditor ONE 으로 수정 >

네이버 이외의 외부링크, 일부 스크립트 및 태그는 자동 삭제될 수 있습니다.
권장 크기 : 가로 860px

초기화

⑤ 자유 버튼 | 사용함 | 사용안함

버튼명을 입력해주세요. 0/15

버튼 클릭 시 이동할 URL을 https://를 포함하여 입력하세요

네이버 내부 URL 연결이 아닌 외부 URL연결은 운영 정책상 허용하고 있지 않습니다.

⑥ 스토어찜/소식 쿠폰 | 전시함 | 전시안함

고객혜택관리 > 혜택등록 메뉴에서 스토어찜 또는 소식알림 타겟팅 대상으로 등록한 쿠폰을 노출합니다.

라이브 소개 상품

번호	상품 번호	상품명
1	7490251082	벨벳 리본 라운드 플랫슈즈 벨벳슈즈 단...
2	7744479360	토끼털 미들부츠 스티치 여자부츠 워커 ...
3	7612985143	워커부츠 힐워커 부즈힐 여자워커 부츠 ...

라이브 ID 입력하고 확인 완료되면, 라이브 소개 상품 목록을 자동으로 가져옵니다.

⑦ 지난 라이브 다시보기 | 전시안함 | 자동전시 | 수동전시

해당 스토어의 지난 라이브를 최신순으로 최대 3개 자동 전시합니다.

⑧ 댓글 | 사용함 | 사용안함

⑨ 전시 노출 여부 | 노출 | 미노출

검수 승인되어 캘린더 노출 시 매출연동 수수료 5%가 부과됩니다.
캘린더 노출 중 예고 페이지 수정 시 재검수가 필요하며, 캘린더 미노출상태로 전환됩니다.
캘린더 미노출 되더라도 매출연동 수수료는 5% 유지됩니다.

| 취소 | 등록 |

[라이브 예고 페이지 등록] 페이지

❶ **라이브 ID** | 라이브 예고 페이지를 만들기 위해 미리 예약해둔 라이브의 번호(링크 맨 뒤의 숫자)를 입력합니다. [라이브 예약 목록 보기]에서 편하게 선택할 수 있습니다.

❷ **제목** | 상단 이미지에 노출될 라이브 예고 페이지의 타이틀입니다. 우리 상품을 검색결과에 노출할 수 있도록 마케팅 키워드를 포함해 방송명을 정해야 합니다. 최대 30자까지 가능하지만 핵심 키워드 중심으로 간결하게 쓰는 것을 추천합니다.

❸ **상단 이미지** | 예고 페이지 최상단에 노출되는 이미지입니다. 텍스트가 없는 이미지를 사용하는 것이 원칙이며, 클릭을 유도할 만한 매력적인 이미지를 선정해야 합니다. 이미지 위에 방송 날짜와 시간, 제목이 노출되므로 텍스트가 없는 이미지를 추천합니다.

❹ 라이브 소개 | 사전 안내, 이벤트 소개를 포함해 진행할 라이브에 대한 내용을 스마트에디터로 작성합니다. 우리 브랜드를 처음 접하는 고객들을 위해 간략한 브랜드 소개를 포함하는 것이 좋습니다. 네이버 이외의 외부 링크나 일부 스크립트 및 태그는 자동 삭제되므로 주의해야 합니다.

❺ 자유 버튼 | 스토어 상품 또는 스토어 공지사항 등으로 이동할 수 있는 링크를 생성할 수 있는 기능입니다. 버튼명과 URL을 모두 입력해야 노출됩니다. 고객의 구매전환에 영향을 미칠 것으로 판단되는 경우 사용하기를 추천합니다. 또한 네이버 정책상 외부 페이지의 URL은 사용할 수 없습니다.

❻ 스토어찜/소식 쿠폰 | 스마트스토어센터 내 [고객혜택관리]–[혜택 등록]에서 [스토어찜/소식 알림]을 설정한 소비자를 대상으로 등록한 쿠폰이 자동으로 전시됩니다.

❼ 지난 라이브 다시보기 | [자동전시]는 해당 스토어의 지난 라이브를 최신순으로 최대 3개까지 보여주는 기능입니다. [수동전시]는 지난 라이브 중 노출하고 싶은 방송이 별도로 있을 때 라이브 ID를 최대 3개까지 지정하는 기능입니다.

❽ 댓글 | 사전 이벤트, 응원 미션을 진행할 수 있는 예고 페이지 하단의 댓글 기능입니다.

❾ 전시 노출 여부 | 예고 페이지를 서비스에 노출할지 선택하는 기능입니다. [미노출] 상태일 때는 예고 페이지가 키워드 검색결과에 노출되지 않으므로 반드시 [노출]에 체크해야 합니다. 일정한 판매실적이 넘으면 검수를 통해 쇼핑라이브 랜딩화면의 캘린더에 노출됩니다. 단, 매출 연동수수료 또한 5%가 추가로 부과됩니다.

03 ❶[라이브 예고 페이지 목록]에서 등록된 예고 페이지와 노출 여부를 확인할 수 있습니다. ❷삭제해야 할 경우에는 삭제할 예고 페이지를 선택한 뒤 [선택삭제]를 클릭하면 됩니다. ❸수정을 원할 경우 [수정]을 클릭해 언제든 수정할 수 있습니다. ❹[미리보기]를 통해 고객에게 나타나는 화면을 미리 확인해볼 수 있습니다.

[라이브 예고 페이지 목록] 페이지

알림받기 설정과 시작알림 보내기 ▶

우리 스토어의 기존 고객과 예고 페이지를 확인한 소비자들을 유입시키는 좋은 방법은 알림받기 동의를 유도하는 것입니다. 예고 페이지 최상단의 상호 옆 [알림받기]나, 상세페이지 최상단의 쿠폰 혜택 내용을 통해 알림받기를 유도할 수 있습니다. 알림받기 동의를 한 소비자들에게는 방송 시작 시 알림을 보낼 수 있습니다. 또한 쿠폰 혜택을 주거나, 신상 출시, 할인 등의 정보를 제공함으로써 지속적으로 홍보할 수 있습니다.

예고 페이지 내 알림받기

알림받기 설정하기

01 ❶ 스마트스토어센터에 로그인합니다. ❷ [고객혜택관리]–[혜택등록]을 클릭합니다.

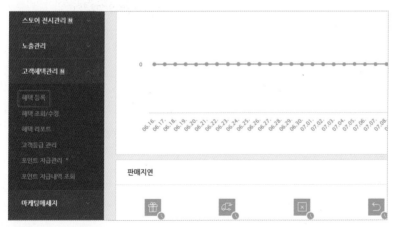

[고객혜택관리]–[혜택 등록] 페이지

02 ❶'알림받기 대상 쿠폰'과 같이 혜택의 이름을 쓰고 ❷[알림받기]를 클릭합니다. ❸타겟팅 목적은 [알림받기 고객 늘리기+유지하기]를 클릭합니다. ❹혜택 종류는 [쿠폰]을 클릭합니다.

혜택 등록 ⑦ ●필수항목

| 혜택 이름 ●⑦ | ❶ 알림받기 대상 쿠폰 | | | | 10/30 |

타겟팅 대상 ●
전체고객　　첫구매고객　　재구매고객　　❷알림받기　　타겟팅

· 알림받기 동의 고객을 위한 쿠폰 혜택을 설정할 수 있습니다.
· 알림받기 동의할 때나 이미 동의한 고객에게 쿠폰(다운로드)혜택을 주거나, 쿠폰을 첨부하여 메시지를 보낼 수 있습니다.
· 2019.08.29 부터 톡톡친구가 소식알림으로 변경되었습니다.
　기존 톡톡친구 계정 하나에 여러 채널을 연결하여 사용하던 판매자의 경우 (1:N구조)
　채널별로 소식알림 설정으로 바뀌면서 (1:1구조) 대상 고객에 변화가 있을 수 있습니다.
· 2022.10.19 부터 스토어찜과 소식알림이 알림받기로 통합되었습니다.
　기존 발급하신 혜택은 혜택 조회에서 확인할 수 있습니다.

타겟팅 목적 ●
❸ ⦿ 알림받기 고객 늘리기 + 유지하기(스토어 내 혜택 노출)　○ 마케팅메시지 보내기

· 알림받기 고객 늘리기 : 아직 알림받기 동의하지 않은 고객은 알림받기 동의 요청 문구가 노출되며, 알림받기 동의할 때 다운로드 가능한 쿠폰이 안내됩니다.
· 알림받기 유지 시키기 : 이미 알림받기 동의한 고객에게 발급 받지 않은 알림받기 쿠폰을 발급 받을 수 있게 노출됩니다. 이미 발급된 쿠폰은 노출되지 않습니다. (중복발급 불가)

혜택종류 ●
❹ ☐ 쿠폰　⦿ 포인트적립
　혜택 노출 예시보기

혜택상품지정 ●
⦿ 내스토어 상품전체 ⓘ　○ 카테고리선택 ⓘ　○ 상품선택 ⓘ

확인　　　　취소

도움말

[혜택 등록] 페이지

03 [알림받기]에 동의한 고객들에게 제공되는 쿠폰의 주요 내용을 설정해줍니다.

❶ 혜택종류 ●
⦿ 쿠폰　⦿ 포인트적립
혜택 노출 예시보기

❷ 쿠폰종류 ●
상품단위 할인　⦿ 상품중복할인
스토어단위 할인　○ 스토어장바구니할인　○ 배송비할인
· 즉시할인과 중복으로 사용할 수 있는쿠폰입니다.

③ 발급방법 •   ○ 다운로드   ◉ 고객에게 즉시 발급

· 고객이 다운로드 버튼을 클릭하여 쿠폰을 발급받아 사용합니다.

④ 발급건수 제한   ◉ 제한없음   ○ 제한있음

· 전체 발급쿠폰수를 제한하지 않겠다는 의미입니다.
· 쿠폰 상태값이 '적용중'일 동안은 계속 다운받을 수 있습니다.
  단, 회원ID 당 같은 쿠폰은 한번만 다운받을 수 있습니다.

⑤ 할인설정 •   1,000   원▼   최대 ▨▨▨▨▨▨ 원   할인

· 할인율/할인금액이 정확하게 입력되었는지 다시 한번 확인해 주세요!

⑥ 최소주문금액   30,000   원   이상 구매시 사용 가능

· 상품중복할인과 배송비 할인 쿠폰의 최소주문금액은 판매가 기준으로 사용됩니다.
(예시 : 최소주문금액 1,000원 / 100원 상품중복할인 쿠폰의 경우,
  판매가 1,000원 / 즉시할인가 500원인 상품 → 사용가능 / 400원에 결제
  즉, 판매가 1,000원 이상이면 즉시할인가에 상관없이 사용가능)

⑦ 혜택기간 •   [1주일] [1개월] [3개월] [6개월] [1년]

2023.01.15. 16:00 📅 ～ 2024.01.15. 15:59 📅

· 설정된 기간 동안 톡톡 메시지에 쿠폰을 첨부하여 보낼 수 있습니다.
· 종료일시는 시작일시로부터 최대 1년까지 설정할 수 있습니다.

⑧ 쿠폰 유효기간 •   [기간으로설정] [발급일 기준으로 설정]

발급일로부터   2   일 간 유효

⑨ 상품상세 노출 •   ☑ 상품상세의 상세정보 상단에 쿠폰 전시하기
[혜택 노출 예시보기]

혜택상품지정 •   ◉ 내스토어 상품전체 ⓘ   ○ 카테고리선택 ⓘ   ○ 상품선택 ⓘ

[확인]   [취소]

혜택등록 내 쿠폰적용 설정 메뉴

❶ **혜택종류** │ 알림받기 혜택은 쿠폰의 형태로만 제공 가능합니다. 적립금은 제공할 수 없습니다.

❷ **쿠폰종류** │ 쿠폰은 개별 상품 단위로 적용하는 [상품단위 할인]과 스토어 전체에 적용하는 [스토어단위 할인] 중 선택 가능합니다. [스토어장바구니할인]은 판매자 단위로 총 주문금액에 적용되는 할인이며, [배송비할인]은 배송비 유료 상품에 배송비 묶음 그룹 기준으로 사용할 수 있는 쿠폰입니다.

❸ **발급방법** │ 알림받기 혜택의 경우 고객이 직접 쿠폰을 다운로드해서 사용하는 방법만 선택 가능합니다.

❹ **발급건수 제한** | 제한없이 기간 내에 발행하는 [제한없음], 정해진 마케팅 비용만 사용할 수 있도록 발급건수를 제한하는 [제한있음] 중 선택합니다.

❺ **할인설정** | 절대할인 금액 혹은 할인율(%) 중 선택할 수 있습니다. 할인율로 진행할 경우 최대 할인금액을 설정할 수 있습니다.

❻ **최소주문금액** | 할인쿠폰이 적용될 수 있는 최소주문금액을 설정합니다. 판매자의 마진과 마케팅 비용을 고려했을 때, 제공하고자 하는 할인혜택이 허용 가능한 범위 내에 있는지 살펴본 후 결정합니다.

❼ **혜택기간** | 알림받기 혜택이 활성화되어 있는 기간입니다. 최대 1년까지 설정할 수 있습니다.

❽ **쿠폰 유효기간** | 쿠폰의 유효기간을 설정하는 메뉴입니다. 특정 기간을 지정하거나 발급일 기준으로 유효기간을 설정할 수 있습니다. 일반적으로 소비자의 빠른 구매를 유도하기 위해 발급일 기준 2~3일 내로 설정합니다.

❾ **상품상세 노출** | 판매자 스토어 상단과 상품 상세페이지 첫 화면에 [알림받기] 버튼과 쿠폰 이미지 노출을 동의하는 메뉴입니다.

04 ❶ 지정하고자 하는 혜택의 적용범위를 [내스토어 상품전체], [카테고리선택], [상품선택] 중에서 클릭합니다. ❷ [상품 불러오기]를 클릭해 지정된 범위 내의 대상을 불러온 후 쿠폰 적용 대상을 설정합니다. 일반적으로 전체 카테고리에 지정해야 소비자의 신뢰를 얻을 수 있습니다.

[혜택상품지정] 페이지

라이브 방송 알림받기 설정

라이브 방송 예고 페이지를 등록하면 검색결과와 예고 페이지 상단에 [알림받기] 버튼이 자동으로 생성됩니다. 소비자가 해당 알림받기에 동의하면 스마트스토어에서 사전에 만든 알림받기가 설정됩니다. 방송 일정뿐만 아니라 스토어의 소식도 메시지로 전할 수 있어 활용도가 높습니다.

다만, 한 달 이내에 네이버 쇼핑라이브에 한 번이라도 접근한 사용자는 '액티브 유저'로 판단해 '라이브 알림 수신 대상'으로 분류되지만, 한 달 이상 방문하지 않았을 경우에는 '라이브 방송 시작알림 미수신 대상'으로 분류됩니다.

소비자가 알림받기를 설정할 때 [쇼핑라이브 한 달 이상 미방문 시 알림 받지 않기]에 체크하지 않는 경우에는 알림이 지속되므로 걱정하지 않아도 됩니다. 또한 소비자가 [21시~08시 사이에도 알림받기] 옵션을 선택했을 경우, 해당 시간대에도 동일하게 알림이 제공됩니다.

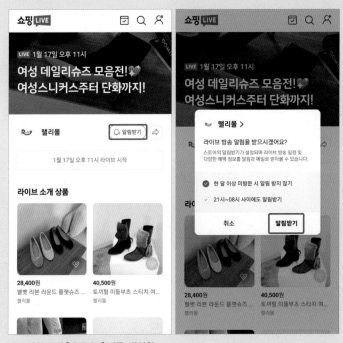

예고 페이지 내 [알림받기] 버튼, 팝업창

쇼핑라이브 시작알림 보내기

라이브 방송을 시작하는 시점에 알림 기능을 통해 소비자를 확보할 수 있습니다. 다만 빈번한 방송을 하는 판매자라면 매번 알림을 보내 고객의 피로도를 높이기보다는 해당 기능을 적절히 사용해 방송 참여도를 높여야 합니다.

01 ❶[라이브 예약 목록]에서 [라이브 시작]을 누릅니다. 라이브 시작알림 여부를 묻는 팝업 창이 뜹니다. ❷[예]를 눌러 알림을 보냅니다. 알림을 보내지 않으려면 [아니오]를 터치하면 됩니다.

라이브 예약 목록, 알림 팝업창

03 알림받기를 동의한 고객에게는 푸시가 울리고, 네이버 앱 상단 알림창에 라이브 방송이 시작됐다는 알림메시지가 갑니다. 메시지를 받은 고객은 해당 메시지를 눌러 방송을 시청할 수 있습니다.

알림 푸시 메시지, 네이버 앱 알림 메시지

영상 공유하기와 URL 활용하기 ▶

좋은 상품과 가격을 준비해도 소비자가 없다면 라이브커머스는 무의미해질 수밖에 없습니다. 물론 네이버 쇼핑라이브 기존 소비자의 참여를 기대해볼 수는 있습니다. 그러나 우리 상품에 특히 관심을 가질 만한 소비자일수록 더 높은 매출이 가능해집니다. 따라서 [공유] 기능을 통해 라이브 방송을 여러 채널에 미리 홍보해야 합니다.

예고 페이지, 숏클립, 다시보기와 같은 네이버 쇼핑라이브의 콘텐츠를 인스타그램, 페이스북 등의 SNS 채널을 비롯해 협찬, 광고의 랜딩화면, 고객 소통에 활용할 수 있습니다.

라이브 방송 공유 시점과 대상

라이브 방송은 언제, 누구에게 공유하면 좋을까요? 평소 우리 상품의 고객들이 모여있는 공식 채널을 이용하는 것이 가장 효과적입니다. 새로운 홍보 채널을 발굴해야 한다면, 우선 우리 상품을 필요로 하는 고객들이 모여 있는 곳을 찾아야 합니다. 주부가 주고객이라면 맘카페, 10대가 타깃이라면 팬덤 관련 태그가 포함된 SNS를 찾아보는 식입니다.

공유하는 시점은 방송 1~2일 전이면 충분합니다. 너무 빨리 공유하면 방송 내용이 잊히기 쉽습니다. 방송 직전에는 노출 및 도달 시간이 부족해 오히려 홍보 효과가 떨어질 수 있습니다.

01 공유하고자 하는 페이지의 [더보기⋮] 혹은 [공유↗]를 누릅니다.

예고 페이지, 숏클립, 다시보기 내 [공유하기], [더보기] 버튼

02 ❶공유하기 팝업창 중 공유하고자 하는 서비스를 선택한 후 ❷내용을 입력합니다. ❸ [다음]-[게시]를 터치하면 쉽게 공유할 수 있습니다. PC라면 블로그, 페이스북 등 기본 연동 서비스가, 스마트폰이라면 연동 가능한 서비스들이 사용 빈도 순으로 뜹니다.

공유하기 팝업창, SNS 게시물 작성 예시

03 URL을 활용해 공유할 수도 있습니다. ❶[공유하기] 팝업창에서 [URL복사]를 누릅니다. 주소가 복사됐다는 메시지가 뜹니다. ❷ 공유하고자 하는 채널의 게시물 작성란에 붙여넣기 한 후 URL에 별도의 '파라미터'를 추가합니다. 파라미터는 웹 서버의 로그데이터를 웹 브라우 저에 전달해 유입 출처를 확인하는 방법입니다. 파라미터를 통해 홍보 채널별로 얼마나 많은 소비자가 유입되었는지 확인할 수 있습니다.

더보기 팝업, SNS 게시물 작성 예시, 공유 완료 화면

외부채널 전용
홍보 URL 작성하기

네이버 쇼핑라이브 알림이나 배너와 같은 네이버 내부 채널은 파라미터 값이 자동으로 설정되기 때문에 쉽게 유입경로를 확인할 수 있습니다. 하지만 유튜브 협찬이나 기타 광고 채널에 직접 광고하게 될 경우에는 판매자가 직접 유입경로를 설정해야 합니다.

유입과 성과를 측정할 라이브 예고, 라이브 온에어, 라이브 다시보기 공유 URL에 유입경로 규칙을 따른 파라미터를 추가합니다. 별도의 URL을 생성한 후 이를 홍보에 사용하면 라이브 통계에서 직접 정의한 경로별로 유입 수를 확인할 수 있습니다.

https://shoppinglive.naver.com/lives/870912?fm=sns_ad&sn=youtube&ea=feed
④

홍보URL + **?** + **파라미터 값**
　①　 **②**　　**③**

파라미터 URL 추가 예시

❶ 홍보 URL | 공유를 위한 기본 URL

❷ 물음표(?) | 파라미터가 시작된다는 의미입니다. URL 전체에서 물음표는 한 번만 포함되어야 합니다. 홍보 URL 중 물음표가 들어가 있다면, 물음표 대신 앤드(&)를 삽입합니다.

❸ 파라미터 값 | 중복 집계를 피하려면 기존에 정의된 파라미터 값과 겹치지 않는 유니크한 파라미터를 정의해야 합니다.

fm=채널 대분류

예) fm=sns_ad 외부 광고 채널. 노출 채널의 대분류(필수 입력)

sn=채널 구분값

예) sn=instagram, sn=youtube 노출 채널의 세부 구분값

ea=추가 구분값

예) ea=profile, ea=feed

- 인스타그램, 페이스북과 같은 SNS 파라미터 값은 구분이 쉽도록 임의로 결정합니다.

❹ 앤드(&) | 파라미터 값들의 사이에는 앤드(&) 기호를 삽입해야 구분할 수 있습니다.

라이브커머스
ON AIR

08:02 ———————●———————————————————————————— 53:01

이제 모든 준비가 끝났습니다. 지금까지 이해한 내용을 바탕으로 여러분이 실행에 옮길 차례입니다. 이번 파트에서는 라이브 방송을 성공적으로 진행하기 위해 무엇부터 시작해야 하는지 하나씩 알아봅니다. 혼자 준비하기에 막막하기만 했던 라이브 방송에 관한 사소한 것들까지 구체적으로 소개합니다. 당연하게 알고 있던 것일지라도 다시 한번 꼼꼼하게 살펴봐야 합니다. 판매자로서 충분히 연습하고 철저히 준비해야만 실제 방송에서도 자신감을 얻을 수 있습니다. 라이브 방송을 즐기며 여러 팬을 모으고, 매출을 높이는 크리에이터. 여러분도 해낼 수 있습니다.

방송 시작 전
촘촘한 사전 준비

📹 방송이 다채로워지는 미디어 활용법

TV홈쇼핑에서 배너나 자막은 소비자가 방송에 집중할 수 있도록 만드는 중요한 도구입니다. 상품의 가격이나 스펙을 보여주는 배너나 '마감임박', '한정수량'처럼 소비자들의 눈길을 끄는 자막이 대표적인 예입니다. 또한 판매자의 설명보다 생산현장이나 실험장면, 조립방법을 설명한 동영상과 같은 미디어 자료가 효과적인 경우가 많습니다. 네이버 쇼핑라이브에서도 간단한 세팅을 통해 여러 미디어 기능을 사용할 수 있습니다.

TV홈쇼핑 화면

미디어 소스 등록하기

01 쇼핑라이브 스튜디오 앱에서 사용할 이미지나 동영상의 배너, 자막을 만들어 스마트폰에 저장합니다. 미디어는 포토샵이나 파워포인트를 활용해 제작하거나 미리캔버스(https://www.miricanvas.com)와 같은 웹기반 디자인 프로그램을 활용해도 좋습니다.

스마트폰 갤러리,
미리캔버스

02 ❶ 우측 상단의 [미디어 추가📷]를 눌러 라이브 스튜디오에 진입합니다. ❷ 하단의 [+]를 터치해 스마트폰의 갤러리에 저장된 이미지나 동영상을 추가합니다. 또는 ❸ 텍스트 오버레이 기능으로 자막을 미리 만들어 준비합니다. 라이브 도중에도 미디어를 등록할 수는 있지만, 원활한 미디어 이용을 위해 사전에 등록하는 것이 좋습니다.

라이브 세팅화면,
라이브 스튜디오 화면

갤러리 추가 화면, 텍스트 오버레이

03 등록한 미디어 콘텐츠는 우측 상단의 [편집]을 터치해 순서를 바꾸거나 삭제할 수 있습니다. 이 또한 한 화면에서 모두 가능합니다.

라이브 스튜디오 화면

미디어 이동 및 삭제 기능

미디어 화면 송출하기

준비된 미디어는 방송 시작 전이나 방송 중일 때, 원하는 시간에 수시로 화면에 띄워 송출할
수 있습니다.

01 라이브 도중 필요한 시점에 라이브 스튜디오 아이콘을 누르면 등록한 미디어 소재들이
나열됩니다. 사용하고자 하는 미디어 소재를 터치하면 바로 라이브 화면에 송출됩니다. 하나
의 라이브에 이미지는 3개, 영상은 1개까지 삽입할 수 있습니다.

라이브 화면, 라이브 스튜디오, 송출 장면

02 ❶송출되고 있는 이미지나 동영상은 해당 미디어를 터치한 상태로 끌어서 위치를 이동할 수 있습니다. ❷좌측 하단의 화살표를 움직여 사이즈를 조정할 수 있습니다. ❸[✕]를 누르면 송출을 중단할 수 있습니다.

미디어 노출 화면

주목도를 높이는
텍스트 오버레이

'텍스트 오버레이'는 라이브 화면에 제품명이나 이벤트와 관련된 텍스트를 노출함으로써 소비자의 시선을 끌 수 있는 기능입니다. 라이브 앱에서 제공하는 다양한 포맷 중 적절한 디자인을 선택해 사용할 수 있습니다. 라이브 전에 다양한 텍스트 오버레이를 준비하면 소비자들의 주목도를 높일 수 있습니다.

텍스트 오버레이 타입 세 가지

- TITLE(제목) : 주목을 끌 수 있는 텍스트에 사용하기 적합한 타입
- CAPTION(주석) : 제품의 장점 등 추가 설명이 필요할 때 사용하기 적합한 타입
- ELEMENT(놀라움) : 강조해야 하는 공지를 내보낼 경우, 버블 텍스트 형태로 심플한 내용을 입력하기 적합한 타입

🎬 성공적인 방송을 위한 리허설 진행

방송을 처음 하는 판매자는 화면에 익숙하지 않아 쉽게 당황할 수 있습니다. 방송을 수월하게 진행하려면 리허설을 통해 충분한 연습을 해야 합니다. 소비자에게 방송이 어떻게 보이는지 체크하고, 상품은 어떤 형태로 보여줘야 좋을지 고민해야 합니다. 쇼핑라이브 스튜디오는 라이브 방송 이전에 연습해볼 수 있는 리허설 기능을 제공합니다. 이를 충분히 활용해야 합니다.

01 ❶ 쇼핑라이브 스튜디오 앱 로그인 화면에서 [라이브]를 터치합니다. ❷ 유의사항 팝업창을 확인한 후 [라이브세팅] 페이지에 진입합니다.

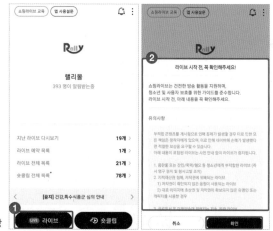

앱 로그인 화면, 유의사항 팝업창

02 ❶ 라이브 세팅 페이지 하단 중앙에는 크게 [리허설], [라이브], [예약] 세 가지 모드가 제공됩니다. 그중 [리허설] 모드를 누릅니다. ❷ 좌측 하단의 [◇]을 터치해 타이틀, 대표 이미지, 상품 등록 등 주요 방송 정보를 등록합니다. ❸ [시작]을 터치하면 정규방송과 동일한 레이아웃으로 방송이 시작됩니다.

라이브 세팅 페이지

03 ❶ 방송 예약 목록에서 [리허설]–[시작]을 눌러 예약된 방송의 리허설도 가능합니다. ❷ 우측 하단의 [더보기 ⋯]를 터치하면 URL을 복사하거나 공유할 수 있습니다. 이를 통해 소비자에게 송출되는 화면을 모니터링하면 좋습니다. [리허설] 모드에서는 [알림 보내기] 팝업창에서 [예]를 선택해도 알람이 전송되지 않습니다.

라이브 세팅 페이지–내용 입력 완료된 예약 목록

04 리허설 후에는 중앙 하단의 [종료]를 누르면 리허설이 종료됩니다. 리허설 중 변경된 라이브 정보는 리허설 종료 후 리셋되며, 변경 내용은 저장되지 않습니다. 리허설 다시보기 또한 저장되지 않습니다. 별도로 저장해야 한다면 개별적으로 녹화를 진행해야 합니다.

📷 라이브커머스 방송 진행 준비하기 ▶

라이브 방송 전, 긴장 푸는 방법

라이브커머스 방송을 진행하기 전, 긴장을 푸는 방법에 대해 알아보겠습니다. 라이브 방송은 딱딱한 뉴스 방송과는 다르게 많은 사람들과의 소통이 중요합니다. 그렇기에 판매자의 마음의 상태가 방송의 품질에 큰 영향을 미칩니다.

긴장을 풀기 위해서는 무엇보다 편안한 마음가짐이 가장 중요합니다. 긴장은 어색한 상황과 준비되지 않은 마음에서 비롯됩니다. 이는 상품에 대한 익숙함과도 관련이 있습니다. 미리 준비되지 않았거나 잘 알지 못하는 상품을 소개하면 긴장감이 생길 수 있습니다. 따라서 판매자는 방송 전 자신이 소개할 상품을 꼼꼼하게 살펴보고 상품의 세부사항까지도 잘 파악하고 있어야 합니다.

긴장 푸는 두 번째 방법은 방송을 진행하는 위치에서 카메라를 바라보며 오늘 해야 하는 이야기를 시간 순으로 정리해보는 것입니다. 방송의 흐름을 머릿속으로 정리하는 것만으로도 방송에 들어가기 전에 큰 자신감을 얻을 수 있습니다.

세 번째로, 판매자 본인이 해당 상품을 가장 잘 알고 있다고 스스로 확신해야 합니다. 판매자가 확신이 없으면 소비자들도 판매자를 신뢰할 수 없습니다. 충분한 사전 준비와 함께 상품에 대한 열정과 애정을 가지고, 본인이 상품을 가장 잘 이해하고 있다고 믿는 마음가짐이 필요합니다.

마지막으로, 오프닝 멘트를 잘 암기하고 이를 자신있게 전달하는 것도 긴장을 완화하는 방법 중 하나입니다. 오프닝 멘트를 외워두고 방송을 시작하는 것은 방송 중 긴장감을 줄여주는 데 큰 도움이 됩니다. 이때, 오프닝 멘트에는 오늘 방송할 상품과 주제가 간결하게 담겨야 합니다. 이렇게 하면 소비자와 자연스럽게 소통하며 방송을 진행할 수 있습니다.

자연스러운 진행의 기초는 소통

라이브커머스 방송에서 소비자와 소통은 댓글을 통해 이루어집니다. 모든 댓글에 일일이 답하기는 어렵지만, 상품과 연관된 중요한 댓글을 캐치해서 상품 PT(프레젠테이션, 소개)로 연결해야 합니다. 물론, 방송이 시작될 때부터 많은 소비자가 참여하지 않을 수 있습니다. 그럴 때는 가만히 댓글을 기다리기보다 오프닝과 함께 초반 PT를 먼저 시작해야 합니다. 그래야 다시보기로 방송을 보는 소비자들도 어색함 없이 방송의 흐름을 따라갈 수 있습니다. 댓글이 하나둘씩 올라오기 시작하면 소통을 중심으로 방송을 이어나가면 됩니다.

특히 팬이 많은 스토어의 경우, 오프닝 PT 이전에 참여한 소비자에게 먼저 인사를 하고, 최신 이슈나 상품과 관련된 이야기로 아이스브레이킹을 하는 것이 좋습니다. 이렇게 처음부터 소비자와 함께 방송을 만든다는 인식을 주면 소비자의 이탈을 줄일 수 있습니다.

인플루언서들의 SNS 라이브 방송을 참고하는 것도 좋은 방법입니다. 이들은 집에서 라이브 방송을 하면서 일상 이야기, 오늘의 일정, 지난 방송 후기, 고객들의 긍정적인 피드백, 지난 방송의 성과 등 다양한 주제로 자연스럽게 대화를 이끌어갑니다. 이로써 소비자의 기대감을 높이고 대화로 관심을 집중시킵니다.

이러한 인플루언서들의 특징 중 하나는 카메라와 소비자 사이의 거리를 가깝게 유지한다는 것입니다. 마치 영상 통화를 하듯 카메라를 자유자재로 들었다가, 거치대에 놓기도 하는 등 친밀한 분위기를 조성합니다. 그러면 소비자들은 인플루언서를 심적으로 더 가깝게 느끼며 적극적으로 댓글을 달고 질문을 합니다. 처음부터 이러한 스타일로 진행하기는 어려울 수 있지만 꾸준한 노력을 통해 소통 능력을 향상시킬 수 있습니다.

라이브 방송에서 댓글을 달아주는 소비자는 방송의 중요한 주인공 중 하나입니다. 그들의 댓글은 방송을 이끄는 데 큰 역할을 합니다. 소통의 중요성을 간과한 채 댓글을 무시하면 안 됩니다. 아무리 영향력이 있는 연예인이거나 인플루언서, 유명 쇼호스트라 하더라도 일방형 콘텐츠를 만드는 것처럼 소비자들과 전혀 소통하지 않는다면 소비자들은 금세 방송을 이탈합니다. 소비자에게 진심을 전달하면서 신뢰를 쌓아나가다 보면 판매자로서 새로이 명성을 얻을 수 있는 곳이 바로 라이브커머스입니다. 그러니 자신의 확고한 캐릭터를 가지고 소비자와 적극적으로 소통하려는 자세가 필요합니다. 이러한 소통은 판매자와 고객 사이의 신뢰를 쌓는 데 큰 도움이 됩니다.

조리원 동기 모임이나 어린이집 학부 모임 등 각 모임마다 리더들의 특징이 있습니다. 언제나 정보가 빠르고, 다른 어머님들의 일상이나 아이들에게 늘 관심이 있고 그 내용들을 잊지 않는다는 것이죠. 그래서 늘 다른 어머님들에게 인기가 있습니다. 그러한 어머님들은 인사할 때 늘 상대방의 근황을 물어보며 안부 인사를 함께 전한다는 특징이 있습니다.
"○○어머님. ○○이 배앓이 하던 건 좀 나아졌어요?"
이러한 화법을 라이브커머스 방송에서도 활용할 수 있습니다.
"○○님 오셨어요? ○○이 어린이집 갔나요? 이제 새학기인데 아이들 준비물 걱정 많으시겠어요."
이런 어머님들의 화법을 배우고 캐릭터 콘셉트에 활용하면 좋습니다.

누구나 한 번쯤 모임에서 새로운 유행과 제품에 관심이 많고 다른 사람에게 알려주는 이들을 만난 적이 있을 것입니다. 이러한 사람들을 관찰하다 보면 그들의 대화 스타일에서 몇 가지 중요한 점을 발견할 수 있습니다.

우선 이런 사람들은 자신의 지식을 공유하는 것을 즐깁니다. 그러나 대화를 일방적으로 주도하는 경우가 있는가 하면, 청자의 관심을 자연스럽게 유도하는 경우도 있습니다. 전자는 무언가를 가르치려고 하는 어른이나 상사처럼 느껴져 종종 비호감 이미지로 비춰집니다. 하지만 후자는 자신이 이야기 하기 전, 청자가 듣고 싶은 이야기를 먼저 말하기에 따뜻한 이미지를 형성할 수 있습니다. 이러한 사람들은 상대방의 일상과 현재 상황을 공감하며 대화를 시작하고, 상대방의 반응에 따라 필요한 이야기를 적절하게 들려줍니다.

라이브커머스 판매자에게도 이러한 접근 방식이 중요합니다. 소비자와 공감하고, 소비자가 필요로 하는 정보를 제공하며, 궁금증을 자연스럽게 끌어내야 합니다. 라이브커머스는 실시간 반응이 중요한 만큼 판매자는 소비자의 의견과 요구에 발빠르게 대응해야 합니다. 이렇게 소비자가 원하는 정보를 적절하게 전달함으로써 구매로 이어지는 방송을 만들 수 있습니다.

판매자의 시선 처리

앞서 언급한 것처럼 소비자와의 내면적 거리를 좁히고 싶다면 카메라를 가깝게 두는 것이 좋습니다. 앉아서 방송을 진행할 때도 손에 닿는 거리에 카메라를 두는 것이 적절합니다. 이는 음식이나 소형 가전, 뷰티 상품 방송에 유용합니다.

반대로 전신을 다 보여줘야 하는 패션 상품의 경우, 대부분 판매자가 서서 진행을 하기 때문에 높은 거치대를 사용해 전신이 모두 비춰질 수 있도록 세팅하는 것이 좋습니다. 그리고 옷의 재질이나 디테일한 부분을 보여줄 때는 판매자가 직접 카메라 앞으로 다가가는 것을 추천합니다.

방송을 진행함에 있어 가장 기본적인 시선 처리는 바로 카메라를 쳐다보는 것입니다. 카메라를 보고 말하는 것은 방송의 기본 중의 기본입니다. 대화할 때 사람의 눈을 바라보고 말하듯이, 화면을 보고 있는 소비자와 눈을 마주하기 위해서는 카메라 렌즈를 똑바로 바라보아야 합니다.

하지만 카메라 렌즈를 바라보지 않는 예외의 경우가 있습니다. 바로 시연을 할 때입니다. 시연을 할 때는 상품이 화면에 잘 나오고 있는지 모니터를 통해 확인하며 방송을 진행해야 합니다. 상품의 디테일을 보여줄 때 손이 상품을 가리고 있는 건 아닌지, 상품명과 로고가 가려지고 있지는 않은지, 시식을 하기 전 음식이 잘 보였는지, 옷의 일부가 화면에서 잘리지는 않았는지 등을 체크하며 구도를 직접 잡아야 합니다.

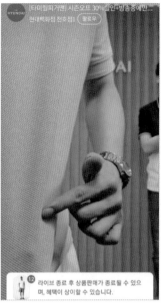

패션 상품 시연 화면

물론 구도를 잡는 동안에도 멘트가 멈추지 않도록 신경 써야 합니다. 상품을 보여주는 데만 집중해서 멘트가 중단되면 준비되지 않은 판매자의 모습으로 비춰지기 쉽습니다.

시연을 할 때는 판매자가 프레임 밖에 있는 경우가 대부분이기 때문에 자신감 있는 목소리와 또렷한 발음으로 말해야 합니다. TV홈쇼핑을 보면 판매자의 얼굴보다는 상품의 모습이 훨씬 더 자주 화면에 잡힙니다. 그럼에도 판매자의 멘트 하나하나가 귀에 쏙쏙 들어오죠. 라이브 방송을 진행하는 우리도 마찬가지여야 합니다. 판매자의 말은 곧 상품의 정보이기 때문입니다.

방송인의 목소리 만들기

방송인의 목소리란 무엇일까요? 방송을 준비하면서 한 번쯤은 '방송인의 목소리는 따로 있을까?' 고민한 적이 있을 것입니다. 우리는 모두 자신만의 고유한 목소리를 가지고 있습니다. 물론 타고난 좋은 목소리가 있을 수 있지만, 유용하게 활용하지 않으면 그저 평범한 목소리에 불과해집니다. 반대로 평범한 목소리여도 올바르게 쓸 수 있다면 얼마든 좋은 목소리로 거듭날 수 있습니다.

좋은 목소리란 신뢰감, 진정성, 따뜻함이 느껴지는 목소리입니다. 많은 경우, 우리는 상대방의 목소리를 듣고 그 사람의 성격을 간파하곤 합니다. 목소리는 사람의 성격과 감정을 나타내는 중요한 요소 중 하나이기 때문이죠. 때로는 첫인상이나 시각적인 인상과는 달리 목소리를 통해 사람을 더 정확하게 이해하기도 합니다.

하지만 라이브커머스 판매자로서 우리는 아직 많은 사람들에게 알려지지 않은 상태에서 방송을 시작하고, 상품을 판매해야 합니다. 따라서 처음 만나는 소비자들에게 긍정적인 첫인상을 남기기 위해 좋은 목소리 내는 법을 연습하고 익혀야 합니다. 좋은 목소리를 통해 소비자에게 믿음직한 느낌을 줄 수 있습니다.

목소리 개선을 위해 가장 먼저 해야 할 일은 자신의 목소리 톤을 파악하고 조절하는 것입니다. 안정되고 편안하게 말할 수 있는 톤을 찾아야 합니다. 이를 위해 "아~"라는 소리를 길게 내며 여러 가지 톤을 시도해보고, 가장 편안하게 느껴지는 톤을 찾아냅니다. 이 톤으로 반복적으로 소리를 내어 연습해보세요. 이렇게 톤을 조절하면 목소리에 힘이 들어가면서 무리하지 않고도 목소리를 제어할 수 있습니다.

목소리를 더 강화하기 위해서는 배에 힘을 주는 연습을 해야 합니다. 힘있는 목소리를 내기 위해서는 성대가 아니라 배에 힘을 줘야 합니다. 이를 위해 배가 최대한 앞으로 나오도록 숨을 가득 채운 다음, 숨을 멈추고, 그 상태에서 편안한 톤으로 "아~" 10초간 길게 소리를 내봅니다. 이렇게 훈련하면 목소리가 더 강하고 자신감 있게 들립니다.

발성과 스피치 연습도 중요합니다. 발성에서는 '정확한 발음'을, 스피치에서는 '간결하게 말하기'를 신경 써야 합니다. 책이나 기사를 자주 소리 내어 읽어보면서 정확한 발음을 연습하고, 복근과 혀 근육을 사용해 발성을 개선해야 합니다. 펜을 입에 물거나 혀의 중앙을 입 천장에 대고 책이나 기사를 또박또박 읽어보는 것도 좋은 방법입니다.

방송 뉴스 판매자들의 리포트를 읽어보고, 그들의 발음과 스피치를 따라 하는 방법도 있습니다. 포털 사이트 '뉴스'란에서 아침, 오전, 정오, 저녁 뉴스와 메인 뉴스 기사를 클릭하면 그날의 뉴스 영상과 함께 대사를 볼 수 있습니다. 앵커와 아나운서의 대사를 그대로 따라 읽어보고, 영상을 보면서 앵커와 아나운서가 말할 때의 리듬과 높낮이, 끊어 읽는 부분과 강세의 차이 등을 느껴볼 수 있습니다.

또한 목소리와 표정은 밀접한 관련이 있으므로 딱딱한 내용의 기사라 하더라도 미소를 지으며 읽는 연습을 해야 합니다. 여력이 된다면 내 목소리를 직접 녹음해 들어보기를 추천합니다. 무표정으로 읽을 때와 웃으며 읽을 때 목소리 톤이 확연히 다르다는 것을 느낄 수 있을 것입니다. 라이브커머스 판매자인 우리는 소비자들에게 드러나는 표정도 신경 써야 한다는 것을 기억해야 합니다.

나만의 퍼스널 컬러 알아보기

퍼스널 컬러는 첫인상을 중요하게 여기는 요즘 사회에서 점점 더 주목받고 있는 분야입니다. 소비자에게 보여지는 모습이 중요한 라이브커머스 판매자의 입장에서도 퍼스널 컬러의 이해는 큰 도움이 됩니다.

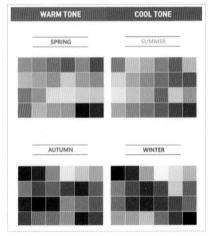

출처 : 청주 컬러아지트

퍼스널 컬러를 파악하는 간단한 방법 중 하나는 자신이 어떤 색상의 옷을 입을 때 주변 사람들로부터 칭찬을 받았었는지 돌아보는 것입니다. 대부분의 경우 해당 색상이 나의 퍼스널 컬러와 맞는 색상일 때가 많습니다. 또한, 손목의 피부색을 통해 알아보는 방법도 있습니다. 손목안쪽을 자연광에 비춰 봤을 때 혈관의 색이 녹색빛으로 보이면 웜톤, 푸른빛으로 보이면 쿨톤일 가능성이 높습니다.

퍼스널 컬러는 봄 웜톤, 가을 웜톤, 여름 쿨톤, 겨울 쿨톤으로 나누어집니다. 그리고 각각 세 가지의 하위 톤으로 세분화되며, 총 12가지의 톤으로 구성됩니다. 봄 웜톤은 밝고 옅은 레드나 코랄 색상이 어울리고, 가을 웜톤은 브라운 계열의 색상이 잘 어울립니다. 여름 쿨톤은 파스텔 톤의 하늘색과 어울리며, 겨울 쿨톤은 원색 계열의 파란색이 잘 어울립니다.

그러나 이와 같은 방법으로 퍼스널 컬러를 완벽히 파악하는 것은 어렵습니다. 정확한 퍼스널 컬러를 파악하려면 오프라인 상담을 통해 전문가의 진단과 조언을 받는 것이 좋습니다.

다양한 상품을 소개해야 하는 라이브커머스 판매자는 퍼스널 컬러에 집착하기보다는 자신의 이미지와 어울리는 색상, 원하는 이미지를 표현하는 데 필요한 색상을 연구하고 적절하게 조화시키는 것이 중요합니다. 더불어 판매하는 상품의 이미지나 방송 콘셉트에 따라서 스타일링을 하는 것이 보다 효과적입니다.

현실적인 예로, 연예인이나 유명인들은 퍼스널 컬러보다는 배역에 어울리는 스타일링이나 비주얼 콘셉트에 더 신경을 씁니다. 라이브커머스 판매자 역시 상품과 브랜드의 이미지, 방송 콘셉트에 맞게 색상을 선택해 소비자에게 편안함을 제공해야 합니다. 브랜드나 상품의 색상에 과도하게 집착하는 것을 지양해야 하며, 동일한 색의 의상을 착용하고 싶다면 상품의 대표 색상과 채도가 동떨어져 있는 색을 선택하는 것이 좋습니다.

상품과 톤을 맞춘 배경, 배경 색과 대비되는 판매자의 옷 색상

브랜드나 상품의 색상 중 서브 컬러를 선택해 톤을 맞추는 것도 좋은 방법입니다. 예를 들어 상품의 로고에 가장 많이 사용된 컬러가 보라색이고 서브 컬러가 노란색이라면, 노란색 계열의 의상을 입는 것이 좋습니다.

이해하기 쉬운 예로 크리스마스 특집 방송을 들어보겠습니다. 크리스마스 특집 방송에서 판매자 의상 컬러를 정할 때 최악의 선택은 무엇일까요? 바로 빨간색입니다. 크리스마스를 대표하는 컬러이기 때문입니다. 크리스마스 특집 방송에서는 비주얼 디자인이나 상품 이미지에 빨간색이 주로 사용됩니다. 그러므로 판매자는 해당 색상은 피하고, 밝은 브라운 계열이나 따뜻한 아이보리, 베이지 톤의 의상을 선택하는 것이 좋습니다.

방송에서 어울리는 색상을 찾는 과정을 이해하기 쉽게 설명하도록 극단적인 예시를 들었습니다. 물론 판매자 스스로 색상을 고민하고 선택할 필요는 없습니다. 이 과정은 방송을 준비하는 단계 중 하나로, 어떤 상품이 선택되었는지에 따라 상품의 디자인과 시즌에 맞는 방송 콘셉트가 결정됩니다. 그에 따라 PD, 비주얼 디자이너와 화면에 어울리는 이미지를 논의하는 과정을 거칩니다. 그 과정에서 이미지 시안이 나오면 판매자는 그에 맞는 의상을 선택하면 됩니다.

생방송 진행 전
체크리스트

1. 스케줄&상품 관련 체크사항

☐ 촬영 스케줄 확인(리허설 포함)

☐ 큐시트 확인(쇼호스트와 제작진 미팅)

☐ 가격 변동 확인(방송 직전 최저가 확인)

☐ 최종 혜택 확인

☐ 상품 디스플레이 위치 확인

☐ 라이브 세팅값 조건 확인(상품 카테고리 설정)

☐ 판넬(POP) 퀄리티 및 오타 확인

2. 화면 체크사항

☐ 프롬프터 확인(단자/이미지 확인)

☐ 촬영 화면과 송출화면 비교(스마트폰으로 확인)

☐ 크로마키 촬영 시 크로마키값 확인

☐ 화면 송출 배너 오타 확인

☐ 송출화면 배너 위치 설정 및 확인

3. 마이크&카메라 체크사항

☐ 마이크 ON/OFF 확인

☐ 마이크 단자 확인

☐ 마이크 배터리 확인

☐ 카메라 배터리 확인

☐ 카메라 세팅값 확인

☐ 카메라 넘버 역할 분배(제품 디테일, 쇼호스트 시연) 확인

☐ 카메라 거치대 높이 확인

□ 조명값 확인
□ 인터넷 속도 확인

4. 스탭 체크사항

□ 휴대폰 무음 설정 확인
□ PD와 카메라 감독 수신호 확인
□ 댓글 담당자 확인
□ 이벤트 당첨자 체크하는 담당자 확인
□ 쇼호스트 시연용 샘플 개수 확인
□ 외부 손님 위치 및 외부 손님 역할 확인
□ 외부 소음 여부 확인
□ 외부 손님 출입 시간(방송 중) 확인

5. 쇼호스트 체크사항

□ 쇼호스트 위치(테이핑) 확인
□ 쇼호스트 옷, 머리 스타일링 확인
□ 쇼호스트 동선에 맞는 카메라 앵글 및 줌 위치 확인
□ 쇼호스트 동선 범위 확인
□ 쇼호스트 그림자 확인
□ 송출 시 쇼호스트 얼굴 톤 확인
□ 쇼호스트 시선 확인
□ 쇼호스트 개인 물건이 화면에 나오는지 확인
□ 쇼호스트 목소리톤 최대치 확인(오디오 확인 시)
□ 쇼호스트 의상 교체 위치(패션 방송)

라이브
ON AIR

 라이브커머스의 생명, 자연스러운 방송 진행 ▶

라이브커머스의 진행 이해하기

방송은 연출, 대본, 편집 등 정형화된 포맷을 따릅니다. 하지만 라이브커머스는 상대적으로 자유롭습니다. 물론 확실한 콘셉트와 기획이 존재하지만, 짜여진 순서나 구성은 소비자와의 소통을 통해 언제든지 바뀔 수 있습니다. 라이브커머스는 TV홈쇼핑과 달리 준비한 대본대로만 진행하기는 어렵습니다. 대본대로 진행하더라도 소비자와의 상호작용에 따라 순서는 언제든 바뀔 수 있습니다. 그렇기에 다양한 변수를 고려해 더 철저히 준비해야 합니다.

TV는 일방적인 소통을 중심으로 합니다. 그러나 라이브커머스에서는 소비자와의 상호작용이 중요합니다. TV홈쇼핑 중에서도 실시간으로 댓글을 받는 프로그램이 있지만, 댓글을 한번에 몰아서 소개하는 경우가 많습니다. 또한 판매자가 실시간으로 메시지를 확인하기 어려우며, PD나 작가가 선택한 댓글을 읽어주는 경우가 대부분입니다. 이런 이유로 TV홈쇼핑은 미리 짜여진 대본이 사용되며, 쇼호스트가 결정한 상품 소개 멘트와 셀링 포인트는 대개 변하지 않습니다.

하지만 라이브커머스는 다릅니다. 집중 멘트를 미리 준비하고, 소비자가 궁금해하거나 관심을 가지는 타이밍에 이야기해야 합니다. 이러한 임기응변에 있어 중요한 무기는 '상품의 특성과 우리의 일상을 잘 연결해 이야기하는 것'입니다.

라이브커머스는 좁은 모바일 화면에서 이루어지며 소비자와 가까운 거리에서 상품을 소개한다는 특징이 있습니다. 그래서 소비자와 대화하듯 진행하는 것이 소비자와의 친밀감을 유지하는 데 도움이 됩니다. 먼저 고객에게 친근하게 다가가 이야기를 시작해봅시다.

방송의 시작, 오프닝

영화나 드라마, 연극에서는 오프닝이 중요합니다. 오프닝은 이야기의 핵심을 강조하고 시청자나 관객의 흥미를 자극하는 역할을 하기 때문입니다. 하지만 라이브커머스에서는 다시보기 기능이 있느냐, 없느냐에 따라 오프닝의 중요성이 달라집니다. 다시보기 기능이 있는 플랫폼의 경우, 소비자가 방송을 놓쳐도 나중에 다시 시청할 수 있으므로 오프닝에서 흥미를 유발하는 역할이 덜 중요합니다. 반면 다시보기 기능이 없는 플랫폼은 실시간 시청이 주를 이루므로 오프닝이 중요한 역할을 합니다.

소비자의 유입 방식도 오프닝에 영향을 미칩니다. 어떤 라이브 방송은 소비자가 유입되기를 기다리면서 방송에 들어오는 소비자들에게 일일이 인사를 합니다. 반면에 충분한 사전 홍보가 이루어져 방송 시작부터 많은 소비자들의 유입이 이루어지는 경우도 있습니다. 그런 경우에는 상품과 관련된 짤막한 상황극으로 재미를 유발해 초반 반응을 끌어내기도 합니다.

무엇보다 중요한 것은 오프닝을 통해 소비자와 소통하며 공감대를 형성하는 것입니다. 누차 이야기하지만, 라이브커머스는 양방향 소통이 가장 큰 특징이자 장점입니다. 이를 적극적으로 활용해 판매로 이어나가야 합니다.

하지만 라이브커머스는 아직 성장 중인 산업이기 때문에 TV홈쇼핑과 비슷한 오프닝 구성을 따르는 경우가 있습니다. 그러한 방송은 소비자들의 다양한 질문을 짚고 넘어가지 못할 가능성이 크고, 양방향 소통의 이점을 제대로 활용하지 못할 수 있습니다.

TV홈쇼핑식 오프닝 예시

"요즘 미세먼지로 인해 고민이 많으시죠? 아침 출근길에 차들을 보니까 먼지가 엄청나더라고요. 이 먼지가 우리의 코, 머리카락, 옷 안에도 묻는다고 생각하면 너무 찝찝하죠. 우리 아이들 한창 나가서 놀아야 할 시기에 밖에서 놀지도 못하고, 매일매일 아이들 건강 걱정에 마음이 놓이지 않네요. 그래서 오늘 준비한 상품은 우리 아이들을 미세먼지로부터 해방시켜줄 상품, 바로 ○○○입니다."

라이브커머스식 오프닝 예시

"요즘 미세먼지로 인해 고민이 많으시죠? 아침 출근길에 차들을 보니까 먼지가 엄청나더라고요. 이 먼지가 우리의 코, 머리카락, 옷 안에도 묻는다고 생각하면 너무 찝찝하죠. 여러분들은 어떠세요? (댓글을 기다린다.) 네, ○○님께서 '저도 그래요. 어제 세차했는데 차가 바로 더러워져서 놀랐어요.'라고 하시네요. 그쵸. 아니, 진짜 깨끗한 차들이 없더라니까요? ○○님께서 '주차장에서 올라오는데 저 먼지를 우리가 다 마시고 있구나, 했다니까요.'라고 하시네요. 맞아요. 미세먼지 없는 세상은 언제 올지 정말 궁금한데요. 그래서 오늘은 우리 가족 미세먼지 걱정에서 해방시켜줄 상품, ○○를 소개해드릴게요."

현장감 끌어올리기

라이브 방송에서는 소비자들의 시청 지속 시간이 판매량에 큰 영향을 미칩니다. 소비자들이 방송에 오래 머무르며 상품에 관한 다양한 설명을 듣고, 구매로 이어지도록 만들어야 합니다. 최상의 상품을 최상의 조건으로 제공하더라도 소비자가 방송을 이탈하면 아무 소용이 없습니다. 매출과 직결되는 소비자들의 시청 지속 시간을 늘리기 위해서는 현장감을 끌어올려 소비자들의 흥미를 자극해야 합니다.

특히 사전 알림을 통해 방송에 유입된 소비자들에게는 오프닝이 가장 중요합니다. 외부에서 방송을 진행하는 경우, 현장감을 끌어올리기 위해 현장과 관련된 이야기를 자주 언급하는 것이 좋습니다. 방송을 보는 소비자가 직접 현장에 가있는 듯한 느낌을 전달하는 것입니다.

"안녕하세요. 오늘은 깨끗하고 신선한 굴이 자라는 곳으로 유명한 통영에 나와 있습니다. 이곳 통영에서 직접 빠르게 배송해드리기 때문에 신선한 굴을 받아보실 수 있는데요. (스읍~ 큰 숨을 마시고 내쉬며) 깨끗하고 맑은 바다 향기가 마음속까지 시원하게 만들어주네요! 통영에서 자란 신선한 굴이 자라고 있는 저기가 바로 양식장이고요, 제 오른편에 위치한 곳이 굴을 깨끗하게 포장하는 곳입니다. 잠시 후에 저곳으로 이동해서 굴이 여러분 댁으로 가기 전까지 준비되는 과정을 직접 보여드릴 예정이니, 한 시간 동안 함께 해주시길 바랍니다. 먼저 오늘의 구성과 가격 소개해드릴게요!"

라이브커머스의 큰 장점 중 하나는 언제 어디서나 간편하게 방송을 진행할 수 있다는 것입니다. 이러한 장점은 특히 현장에서 극대화됩니다. 별도의 장비 없이도 스마트폰만 있으면 라이브 방송을 손쉽게 진행할 수 있어 누구나 쉽게 도전할 수 있습니다. 물론 잡음이 많은 현장에서 판매자의 목소리를 잘 전달하기 위해서는 크기가 작고 조작이 간단한 마이크를 함께 사용하는 것이 좋습니다.

대개 라이브 방송의 섬네일은 방송의 오프닝으로 선정됩니다. 소비자는 섬네일을 통해 방송 시청 여부를 결정하죠. 따라서 소비자가 방송의 현장을 한눈에 알아볼 수 있도록 풀샷(전체화면)으로 시작하는 것이 좋습니다. 이를 통해 다른 방송과의 차별성을 부각시키고 호기심을 자극해 소비자가 우리 방송을 클릭할 수 있도록 유도해야 합니다.

여기에서 말하는 '현장'이란 스튜디오가 아닌, 판매자가 직접 이동하며 방송을 진행하고 상품을 판매하는 장소를 의미합니다. 이 장소는 티켓이나 여행 상품처럼 판매하는 상품의 장소가 될 수도 있고, 가구 쇼룸, 가전제품 매장, 농산물 재배지, 수산 시장, 밀키트 또는 건강식품 제조 공장 등과 같이 다양한 카테고리의 장소가 될 수 있습니다.

농산물 재배 지역 현지 라이브

호텔 현지에서 진행하는 라이브

유통 현장에서 진행하는 라이브

박람회에서 진행하는 라이브

그러나 현장에서 라이브 방송을 진행하면 스튜디오에서 진행할 때보다 정신없는 모습으로 비춰질 우려가 있습니다. 이를 예방하기 위해 사전 탐사와 현장 리허설을 철저히 해야 하며, 통신 상태가 원활한지도 함께 체크해야 합니다. 현장에서의 네트워크 연결 상태는 현장 라이브 방송 기획 단계에서 미리 체크해야 합니다. 만약 방송 직전에 연결이 원활하지 않다는 사실을 알게 되면 크나큰 사고로 이어질 수 있기 때문입니다.

더불어 현장감을 끌어올리기 위해 카메라의 움직임이 안정적이고 자연스러운지 확인해야 합니다. 현장의 전체적인 모습을 잘 담으면서도 상품의 디테일이 함께 보여야 하죠. 그래서 많은 판매자들은 현장 라이브 방송 때 '짐벌'이라는 기구를 사용합니다.

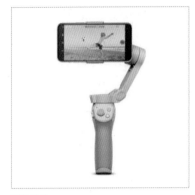

짐벌 예시

짐벌은 현장 라이브 방송에서 유용하게 사용할 수 있지만, 작동 방법을 꼼꼼하게 체크하고 손에 익을 때까지 여러 차례 사용해봐야 합니다. 숙련된 상태에서 사용하지 않으면 방송 진행 도중에 설정값이 뒤틀릴 수 있기 때문입니다. 설정값이 흔들리면 카메라가 제멋대로 돌아가버리는 수가 있습니다. 그럴 경우에는 과감하게 짐벌에서 스마트폰을 제거하고 삼각대를 사용하기를 추천합니다.

삼각대 예시

먼저 스마트폰을 삼각대에 고정합니다. 집중 멘트를 할 때는 삼각대를 한 곳에 놓고 풀샷을 잡아 안정적인 시야를 제공해야 합니다. 반면, 디테일한 장면을 보여줄 때는 우측 사진에 표시된 삼각대의 중앙 부분을 손으로 잡고 이동하는 것이 좋습니다. 그래야만 스마트폰을 직접 손에 쥐고 이동할 때보다 흔들림이 적어 부드러운 움직임을 구현할 수 있습니다.

마지막으로 현장에 있는 사람들과 즉흥 인터뷰를 하는 것도 현장감을 끌어올리는 좋은 방법입니다. 그러나 현장 인터뷰를 위해서는 몇 가지 주의사항이 있습니다.

먼저, 질문과 답변을 미리 준비해두고 참여자와 호흡을 맞춰보아야 합니다. 인터뷰에 응하는 참여자들은 대부분 방송에 익숙하지 않은 경우가 많기 때문에 몇 가지 질문을 미리 전달하는 것이 좋습니다. 질문을 작성할 때는 상품과 관련된 참여자들의 생생한 경험담을 소비자들에게 전달하는 것이 인터뷰의 목적임을 기억해야 합니다.

또한 현장에서 즉흥적으로 인터뷰를 할 계획이라면, 현장에 있는 사람들에게 방송에 얼굴이 나올 수도 있다는 점을 반드시 사전에 언급하고 동의를 구해야 합니다. 얼굴이 비춰질 경우 초상권 문제가 생길 수 있기 때문입니다. 이에 동의한 참여자들만 카메라에 비칠 수 있도록 조치를 취해야 합니다. 더불어 동의하지 않은 사람들의 얼굴이 카메라에 찍히지 않도록 촬영 동선과 카메라 각도를 조절해야 합니다.

상품 소비자들의 후기 활용하기

우리는 모바일이나 인터넷으로 상품을 구매할 때, 다른 사람들의 리뷰를 살펴보곤 합니다. 상품을 직접 사용하거나 체험해본 사람들의 후기는 구매 결정에 큰 영향을 미칩니다. 마찬가지로 라이브 방송 중에 긍정적인 후기를 공유하는 것은 판매에 큰 도움이 됩니다.

방송 중 리뷰를 공유하기 위해 먼저, 상품을 직접 구매하고 사용한 소비자들의 리뷰를 패널(판넬 이미지)로 만듭니다. 그리고 해당 이미지를 화면에 표시합니다. 리뷰 중에서는 사실적이고 진정성 있는 후기, 개인적인 이야기가 녹아 있는 후기, 재미있는 후기를 골고루 섞어 선보이는 것이 핵심입니다. 그리고 가급적 최신 리뷰를 채택해서 여전히 상품의 평판이 높다는 점을 강조해야 합니다.

또는 방송 중 이벤트와 연계해 리뷰를 다룰 수도 있습니다. 댓글 이벤트나 구매 인증 이벤트를 통해 실제로 제품을 사용해본 소비자들의 리뷰를 실시간 댓글로 유도하는 것입니다. 이러한 이벤트가 진행되지 않더라도 판매자가 리뷰에 관해 자주 언급해야 합니다.

> "어떠한 질문도 좋고요~ 직접 사용해보니 어떤 부분이 좋았다, 나는 누구랑 주로 사용한다, 어디서 자주 사용한다, 어떻게 사용한다, 이런 꿀팁도 많이 남겨주세요! 여러분들의 이야기는 풍성한 방송을 만드는 데 큰 도움이 됩니다! 우리는 소통하는 방송이니까요."

상품을 팔아야 하는 라이브 방송

왜 이 상품을 지금 여기에서 사야 할까?

소비자들의 공감을 얻었다면 이제는 '왜 이 방송을 봐야 하는지'를 명확히 설명해야 합니다. 소비자들은 판매자의 모든 이야기를 들어줄 시간적 여유가 없습니다. 시간을 투자할 가치가 있는지 판단해 방송에 참여합니다. 이미 상품에 관심이 있기에 우리 라이브 방송을 선택한 것입니다.

이렇게 유입된 소비자들을 끌어당기는 결정적인 요소는 바로 가격과 구성입니다. 아무리 유명 연예인이나 인플루언서가 진행하는 방송이라 해도, 자신에게 필요없는 상품을 비싸게 사는 사람은 드뭅니다. 이미 상품의 가격에 대한 감이 있는 사람들이 방송을 선택한 것이기 때문입니다. 라이브커머스는 빠른 시간 안에 많은 소비자를 모으고 빠르게 수익을 올려야 한다는 측면에서 TV홈쇼핑과 비슷합니다. 가격과 구성은 일반적인 수준 이상이어야 하죠. 그래서 사전 시장조사를 철저히 해야 합니다.

상품 준비를 마쳤다면 소비자들에게 잘 준비된 상품의 가격과 구성을 자랑해야 합니다. 단순한 '소개'가 아니라 '자랑'을 해야 합니다. 메리트가 있는 가격과 구성은 상품 선택에 있어 무엇보다 중요하며, 이를 알리는 것은 라이브커머스 판매자에게 주어진 중요한 임무입니다. 다시는 볼 수 없는 혜택이라는 점과 상품을 구성하기까지의 이야기를 부담 없이 전달하는 것 역시 하나의 전략이 될 수 있습니다. 라이브커머스 판매자는 이 사실을 언제나 기억해야 합니다.

카테고리별 방송 진행 방법

이미용 화장품

화장품은 쇼핑 시장에서 주요한 카테고리 중 하나입니다. 많은 브랜드가 치열하게 경쟁하는 분야이기도 합니다. 피부와 직접 관련된 상품이므로 신뢰감을 증명하기 위해 다양한 기관에서 인증을 받아야 합니다. 더불어 마니아 층이 두터워서 이슈에 매우 민감한 카테고리입니다. 즉, 소개와 판매가 까다롭고 예민한 부분이 많습니다.

현재 모든 플랫폼에서 가장 주목받는 카테고리가 바로 이미용 화장품입니다. 이미용 화장품은 트렌드에 민감하고 유행이 빠르게 변하는 분야이기 때문이죠. 상품에 대한 기존 소비자들의 충성도가 높은 편이기에 할인폭과 판매 구성만 보고 구매를 결정하는 소비자도 많습니다. 하지만 가격 때문에 구매를 주저하거나 상품을 실제로 사용했을 때 어떨지 모르겠다는 등의 이유로 구매를 망설이는 소비자도 많습니다.

그런 소비자들을 위해 디테일한 시연으로 궁금증을 해소하고 구매로 이어질 수 있도록 해야 합니다. 특히 라이브커머스의 장점인 소비자와의 직접적인 소통과 친밀성을 활용할 수 있습니다. 백화점 1층을 상상해봅시다. 매장 직원 한 명이 고객 한 명에게 직접 다가가 친절히 설명하며 시연을 하는 모습을 쉽게 볼 수 있죠. 이렇듯 이미용 화장품 카테고리는 구체적인 시연이 무엇보다 중요하며, 소비자 개개인의 궁금증과 요구를 친절하게 다루는 것이 핵심입니다.

이미용 화장품은 TV홈쇼핑이나 라이브커머스에서 더욱 효과적인 카테고리입니다. 특히 쿠션 제품의 경우, 비포&애프터 시연은 소비자들의 공감을 불러일으키는 데 큰 역할을 합니다. 화면을 통해 실시간으로 쿠션 제품의 효과를 확인할 수 있기 때문입니다.

에센스나 마스크 팩과 같은 제품은 직접 사용해보지 않으면 효과를 체감하기 어렵습니다. 하지만 라이브 방송에서 직접 시연을 보여주는 것만으로 소비자가 제품의 성분과 효과를 간접적으로나마 느낄 수 있습니다. 소비자에게 가까이 다가가 제품을 시연하고 시각적으로 전달하는 라이브커머스에서는 다양한 아이템을 시도해볼 수 있습니다.

마스크팩 라이브 방송 장면

스킨이나 에센스는 수분감을, 영양 크림이나 나이트 크림은 쫀쫀함을 강조해야 합니다. 이러한 기초 화장품은 제품이 얼마나 촉촉한지를 보여주어야 합니다. 물광, 윤광, 빛광과 같은 단어를 사용해서 제품을 표현하는 것이 핵심입니다.

예를 들어 수분 크림을 시연하는 가장 좋은 방법은 수분 크림을 손등에 문질러 보여주는 것입니다. 제품이 얼마나 빨리 흡수되는지, 점도는 어떠한지, 색상은 어떤지 등을 설명하며 클로즈업되도록 화면에 가까이 다가갑니다. 제품 내부의 텍스처를 직접 보여주는 것도 중요합니다. 제품 안에 어떠한 텍스처가 있는지 손으로 떠서 보여준다든지, 뚜껑을 연 채 제품을 거꾸로 뒤집어도 흘러내리지 않는 모습을 보여줄 수도 있습니다.

색조 화장품은 첫 번째로 발림성을, 두 번째로 유지력을 강조해야 합니다. 제품의 특성을 먼저 설명한 후, 어떻게 하면 좀 더 효과적으로 색상을 보여줄 수 있는지 직접 시연하는 것이 좋습니다. 화장이 완성되는 과정을 보여주면 소비자들은 흥미를 느끼고 직접 구매해서 사용해보고 싶은 욕구를 느낍니다.

이미용 화장품은 시연이 매우 중요합니다. 따라서 많은 연습과 연구가 필요하고, 나에게 알맞은 시연 방법이 무엇인지 알아야 합니다. 그러기 위해서는 반드시 반복적으로 연습을 해봐야 합니다. 그래야 나만의 시연 방법을 만들어낼 수 있습니다.

식품 카테고리

음식 콘텐츠는 최근 몇 년 동안 다양한 매체에서 각광받아온 카테고리 중 하나입니다. 맛집에서의 식사, 다양한 해외 음식, 시골에서 요리하는 과정, 캠핑에서 요리하는 방법, 집에서 레시피를 따라 요리하는 것 등 다양한 음식 관련 콘텐츠가 인기를 끌고 있습니다.

라이브커머스에서도 음식 카테고리의 방송이 점점 더 늘어나는 추세입니다. 스마트폰 하나만 있으면 밀키트를 간편하게 조리해서 먹는 방송을 할 수도 있고, 산지에서 갓 배송받은 전복으로 요리를 하며 전복을 판매할 수도 있습니다. 혹은 산지로 직접 가서 재배한 고구마를 보여주며 고구마를 팔 수도 있습니다. 이렇듯 장소에 구애받지 않고 다양한 방송을 만들 수 있는 카테고리가 바로 식품 카테고리입니다.

식품을 판매할 때는 생동감이 가장 중요합니다. 갓 지은 밥에서는 김이 모락모락 올라와야 하고, 불판에 고기를 구울 때는 노릇노릇하게 구워지는 모습이 생동감 있게 담겨야 합니다. 이처럼 소비자들의 식욕을 자극하기 위한 연출을 고민해야 합니다. 음식의 모습은 생생하게 전달되어야 하며, 음식의 맛과 향을 소비자들에게 어필해야 합니다.

음식을 먹는 모습은 중요한 연출 요소 중 하나입니다. 음식은 오감을 통해 경험하는 것이기 때문에 먹는 모습을 생생하게 보여주어야 합니다. 판매자는 맛을 다양하게 표현해야 하며, 과하지 않고 맛있게 먹는 모습을 연구해야 합니다. 특히 맛을 표현할 때는 소비자들이 일상에서 쉽게 접할 수 있는 음식과 관련된 비유를 통해 전달하는 것이 효과적입니다.

멜론을 맛있게 먹는 모습

패션 카테고리

패션 카테고리는 현재 라이브커머스에서 가장 활발하게 방송되는 카테고리입니다. 개인 스토어를 운영하는 판매자들이 가장 많이 몰려 있는 카테고리이기 때문입니다. 패션 스토어를 운영하는 개인 사업자들은 특정 카테고리에 집중하는 경향이 있으며, 다양한 시행과 착오를 거쳐 성공한 사례가 많습니다. 덕분에 패션 브랜드의 이미지를 확립하고 고정 팬층을 확보하기가 한층 쉬워졌습니다. 이런 이유로 패션 카테고리 라이브 방송이 늘어났고, 많은 패션 브랜드가 확장되었습니다.

판매자의 스타일과 이미지는 패션 브랜드의 이미지와도 맞아야 합니다. 나아가 판매자의 라이프 스타일 역시 브랜드 이미지와 조화를 이루어야 합니다. 패션은 기능도 물론 중요하지만 그보다 시각적인 요소가 가장 중요하기

셔츠의 질감을 설명하는 모습

때문입니다. 브랜드 이미지와 판매자의 스타일이 어긋나면 소비자와 공감대를 형성하기 어렵습니다. 따라서 판매자가 자연스럽게 소화할 수 있는 브랜드 스타일을 선택하는 것이 핵심입니다.

패션 상품을 소개할 때는 사진보다 라이브 방송이 훨씬 유리합니다. 상품의 다양한 활용 방법을 소비자에게 효과적으로 전달할 수 있기 때문입니다. 더불어 방송을 시청하는 소비자들의 디테일한 요구를 실시간으로 반영할 수도 있습니다.

예를 들어 셔츠의 다양한 스타일링과 연출 방법을 라이브 방송에서 소개할 수 있습니다. 단추를 다르게 끼우거나 소매를 롤업해 다양한 스타일링을 연출할 수 있고, 하의 안에 넣어 입거나 빼서 입을 수도 있죠. 특히 셔츠는 질감과 무게감이 중요한 요소입니다. 이런 부분을 사진으로 보여주는 데는 한계가 있습니다. 얼마나 하늘하늘한지, 반대로 얼마나 빳빳한지 등과 같은 질감은 쇼호스트와 모델의 움직임을 통해 생생히 느낄 수 있습니다. 판매자는 적극적으로 카메라 앞으로 다가가 옷깃, 박음질, 단추, 주머니, 길이 등 패션의 디테일을 소비자에게 보여주어야 합니다.

📹 본격적으로 라이브 방송 시작하기 ▶

라이브 방송을 예약한 후, 사전 홍보가 충분히 됐다면 이제 본격적으로 방송을 할 차례입니다. 스마트폰에 설치된 쇼핑라이브 스튜디오 앱을 이용해 쉽게 방송을 진행할 수 있습니다.

방송 전, 안정적인 환경 설정하기

스마트폰으로 방송을 진행하는 경우, 배터리 방전, 잔여용량 부족, 전화벨 울림 등의 다양한 이유로 라이브가 갑자기 중단될 수 있습니다. 게다가 중단된 라이브는 재접속 및 재시작이 불가합니다. 따라서 방송을 시작하기 전에 방송환경을 안정적으로 세팅해야 합니다. 더불어 꼼꼼히 사전 점검을 해야 합니다.

01 잔여 저장 공간 상태 스마트폰 기기의 잔여 저장 공간은 최소 500MB 이상 여유를 가지고 있어야 합니다. 그래야 방송이 끊기지 않고 안정적으로 송출될 수 있습니다. IOS(아이폰)는 [설정]-[일반]-[저장 공간], 안드로이드는 [설정]-[배터리 및 디바이스 케어]-[저장 공간]에서 해당 기기의 잔여 저장 공간을 확인할 수 있습니다.

iOS(아이폰)&안드로이드 설정 화면

02 네트워크 연결 체크 네트워크 통신 속도가 원활하지 않을 경우에도 방송이 중단될 수 있습니다. 공유기와 랜선을 이용해 유선 네트워크망을 구축하는 것이 가장 안정적입니다. 물론 일정 속도 이상의 무선 네트워크를 사용해도 무방하지만, 와이파이나 LTE, 5G로 연결할 경우에는 사전테스트를 반드시 거쳐야 합니다.

❶[쇼핑라이브 스튜디오]-[라이브]-[더보기⋮]-[네트워크 체크]를 터치합니다. ❷ 현재 사용되고 있는 네트워크의 품질을 체크할 수 있습니다. ❸ 상태에 따라 '오프라인', '와이파이 불안정', '셀룰러 불안정', '안정 송출'과 같은 결과를 확인해볼 수 있습니다. '오프라인'일 경우 네트워크를 다시 연결합니다. '와이파이 불안정'일 경우 셀룰러로 변경합니다. '셀룰러 불안정'일 경우 와이파이로 변경합니다.

네트워크 연결 체크 예시

03 **방해 금지 모드, 무음 모드, 재난문자 차단 설정** 라이브 도중 원치 않는 전화나 문자, 알림음으로 라이브가 중단될 수 있습니다. ❶방송 시작 전, [설정]−[소리 및 진동]−[방해 금지]를 활성화하고 ❷[설정]−[소리 및 진동]−[무음]으로 설정합니다. ❸[설정]−[안전 안내 문자] 및 [긴급 재난 문자]를 비활성화합니다. 이 세 가지만 미리 설정해놓으면 많은 방송사고를 예방할 수 있습니다. 라이브 진행 공간에 있는 모든 기기에 알림음이 울리지 않도록 미리 설정해야 합니다.

[방해 금지], [무음], [재난문자] 설정 화면

04 마이크 음량 체크, 전면 카메라 좌우 반전 ❶ 마이크 음량 체크를 위해 [쇼핑라이브 스튜디오]-[라이브]-[더보기 ⋮]를 누릅니다. ❷ 음량에 따라 레벨 바가 움직입니다. 이 레벨바가 움직이면 마이크가 정상적으로 작동하는 상태를 뜻합니다. ❸ [쇼핑라이브 스튜디오]-[라이브]-[더보기 ⋮] 하단의 [전면 카메라 좌우 반전 사용]이 기본적으로 설정되어 있습니다. 이를 비활성화할 경우 소비자는 좌우가 반전된 화면으로 시청하게 됩니다.

[마이크 음량 체크],
[전면 카메라 좌우 반전 사용] 설정 화면

좌우 반전 비활성화&활성화 시 송출 화면

라이브 방송 시작하기

원활한 방송 진행을 위한 환경이 모두 세팅되었다면, 이제 본격적으로 방송을 진행해보겠습니다.

01 ❶ 쇼핑라이브 스튜디오 앱 로그인 화면에서 [라이브]를 터치합니다. ❷ 유의사항을 확인하고 [라이브 세팅] 페이지에 진입합니다.

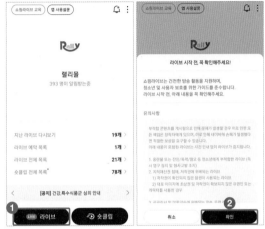

앱 로그인 화면, 유의사항 화면

02 ❶ 우측 하단의 [예약 목록]을 터치하면 [쇼핑라이브 관리툴]에서 미리 예약한 방송 목록이 보입니다. ❷ 진행하고자 하는 방송을 선택하면 해당 페이지에 예약 내용이 자동으로 반영됩니다.

라이브 세팅 페이지, [예약 목록],
라이브 예약 반영 예시

03 ❶ 중앙 하단의 빨간색 [시작]을 누릅니다. ❷ 몇 초 후 해당 버튼이 [종료]로 바뀌면서 방송이 시작됩니다. ❸ 좌측 상단에 [LIVE] 아이콘이 노출됩니다.

라이브 시작 화면, 라이브 중 화면

04 ❶ 방송을 종료하기 위해 [종료]를 누르고 ❷ 팝업창에서 [다시 보기 영상 저장]에 체크한 후 [예]를 누릅니다. 방송을 종료하기 전에 10초 정도 여유 시간을 두는 것이 좋습니다. 그래야 딜레이로 인해 마지막 멘트가 끊기는 사고를 피할 수 있습니다.

라이브 화면, 종료 페이지

우리는 음식이나 인물 사진을 찍을 때 기본 카메라보다는 카메라 앱의 필터를 사용하곤 합니다. 필터를 이용해 사진을 찍으면 음식은 더 맛있게, 인물은 더 멋지고 예쁘게 보이기 때문이죠. 마찬가지로 라이브 스튜디오에서 제공하는 필터 기능과 애니메이션 스티커(이펙트) 기능을 활용하면 더욱 완성도 높은 방송을 만들 수 있습니다.

라이브 화면 효과

01 ❶[라이브 세팅] 페이지 우측 하단의 [매직스틱🪄]을 터치하고 ❷[필터]를 누릅니다.

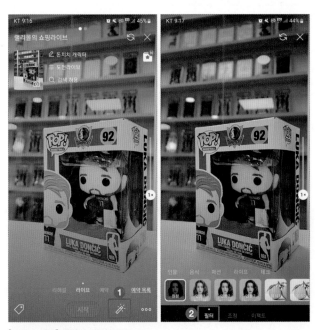

[라이브 세팅] 페이지, 필터 예시

02 ❶ 상품이 가장 매력적으로 비치는 필터를 터치하고 ❷ 필터의 강도를 조절합니다. 필터를 고를 때는 판매하고자 하는 상품의 유형과 방송이 진행되는 공간의 컨디션을 고려해야 합니다.

필터 선택 및 강도 조절 예시

03 ❶ 적절한 필터가 없다면 [조정]을 통해서 최적의 화면을 구현할 수 있습니다. ❷ [조정]은 [밝기], [노출], [대비], [채도], [화이트밸런스] 총 다섯 가지의 세부 조정 기능을 제공합니다. ❸ 각 기능 상단의 바를 수동으로 조정해 최적값을 설정할 수 있습니다.

필터 조정 예시

이펙트 효과

01 ❶[라이브 세팅] 페이지 우측 하단의 [매직스틱 ✏️]을 터치하고 ❷[이펙트]를 누릅니다.

라이브 세팅 페이지, [이펙트] 예시

02 원하는 이펙트 소재를 터치하면 해당 이펙트가 라이브 방송 화면에 자동으로 나타납니다. 크게 인사(24개), 상품&혜택(53개), 감정(43개)이 제공됩니다. 이를 적절한 타이밍에 활용하면 주목도를 높일 수 있습니다. 다만 과도하게 사용하면 효과가 반감될 수 있으므로 판매자만의 사용 기준을 세워야 합니다.

이펙트 첫 화면, 이펙트 적용 예시

🎥 라이브보드 효율적으로 활용하기 ▶

라이브 방송 중 판매자가 스마트폰으로 직접 댓글을 다는 것은 현실적으로 불가능합니다. 채팅 관리자가 따로 있다고 할지라도 빠르게 달리는 댓글을 일일이 확인하고 답변을 다는 것은 쉽지 않은 일입니다.

이러한 경우 [라이브보드]를 활용해 효율적으로 라이브를 진행할 수 있습니다. [라이브보드]를 통해 채팅 확인, 공지 작성, 통계 확인, 상품 관리, 한 줄 요약 및 혜택을 한 화면에서 동시에 관리할 수 있습니다.

01 ❶ [쇼핑라이브 관리툴]-[라이브]-[라이브 목록]으로 들어간 후 ❷ [라이브보드]를 클릭합니다.

[라이브 보드] 페이지
①[라이브 상황판] ②[라이브 채팅보드] ③프롬프터 ④[노출 상품]&[한줄요약 및 혜택]

02 방송이 시작되면 [라이브 상황판]에 누적 결제금액, 결제 상품수, 취소 상품수, 누적 소비자수, 상품 조회수, 라이브 진행시간이 실시간으로 집계됩니다.

라이브 상황판 ⑦	3,669,000원	51개	29개	0명	906회	01:11:53
	결제금액 (상세내역)	결제 상품수	취소 상품수	누적 시청자수	상품 조회수	라이브 진행시간

[라이브 상황판]

03 [라이브 채팅보드]를 통해 소비자들과 소통할 수 있습니다. ❶ 소비자가 질문하는 경우, 채팅 보드에 [답변] 아이콘이 노출됩니다. 이를 클릭해 답변을 작성합니다. ❷ 소비자에게는 답변이 됐다는 팝업창이 띄워집니다. 기억해야 할 채팅 내용은 [즐겨찾기] 기능으로 별도 관리가 가능합니다.

[라이브 채팅보드] 활용 예시
출처 : 네이버 라이브보드 매뉴얼

04 공지가 필요한 경우에는 댓글창에 내용을 작성한 후 우측의 [핀📌]을 클릭합니다. 고정된 공지글은 다른 댓글에 밀려 올라가지 않고, 댓글창에 고정됩니다.

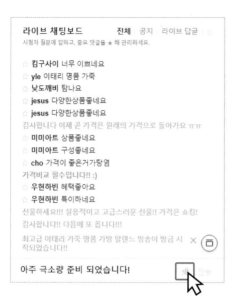

[라이브 채팅보드] 내 공지 예시

05 프롬프터 화면을 통해 큐시트와 주요 멘트, 전달사항을 스탭과 판매자가 실시간으로 공유할 수 있습니다. 프롬프터 에디터는 라이브 시작 전부터 편집할 수 있으며, 실시간으로 저장할 수 있습니다. [모니터 아이콘🖥]을 클릭하면 새 창으로 크게 볼 수 있습니다. 혹은 다른 모니터를 이용해 판매자 전용 프롬프터를 세팅할 수 있습니다.

프롬프터 작성 화면, 판매자 전용 프롬프터

06 ❶[노출 상품] 탭에서는 라이브 도중 판매상품을 추가하거나, 내용을 수정하거나, 순서를 조정할 수 있습니다. ❷[한줄요약 및 혜택]도 라이브 중 수정 및 관리를 할 수 있습니다. ❸[자주 묻는 질문]에서는 이미 작성된 내용 외에 채팅보드에서 자주 나오는 질문을 실시간으로 추가할 수 있습니다.

[노출 상품], [한줄요약 및 혜택], [자주 묻는 질문] 탭 화면

방송 종료와 다시보기

 방송 종료와 다시보기의 활용 ▶

방송 후 판매량을 늘리는 방법

방송이 종료된 후에도 구매는 지속돼야 합니다. 구매창은 하루 동안 열려 있으며, 방송 중 제공되는 혜택은 종료되었더라도 '오늘 중 구매 할인 혜택'이 남아 있다는 사실을 시청자에게 명확히 알려야 합니다.

고가 상품의 경우, 가족과 함께 구매 결정을 내려야 할 때가 많습니다. 짧은 라이브 방송 시간 안에 결정하기가 어려울 수 있죠. 이러한 상황을 고려해 오늘 자정까지만 혜택이 유효하다는 점을 강조하는 것이 좋습니다. 그리고 구매 결정을 미룰수록 상품 수량이 줄어들 수 있다는 사실도 함께 언급해야 합니다.

라이브 방송 링크 공유하기 기능을 활용해 다시보기를 할 수 있고, 다시보기 영상을 통해 구매를 결정할 수 있음을 알리는 것 역시 중요합니다. 더불어 저관여 상품의 경우, 방송 후 할인 혜택을 연장하기 어려울 수 있으므로 다음 방송에서 어떤 혜택이 제공될지 알 수 없다는 사실을 설명해야 합니다. 그리고 소비자들이 라이브 소식을 받아보고 혜택을 놓치지 않도록 알림설정과 찜하기 기능을 유도해야 합니다.

방송 종료하기

라이브 화면

01 방송을 끝마치면 쇼핑라이브 스튜디오 앱 화면 하단의 [종료]를 터치합니다. 라이브 현장과 실제 방송 사이에는 10초 정도 딜레이가 있습니다. 따라서 마무리 멘트 이후 10초가 지난 다음 [종료]를 터치해야 합니다.

02 ❶라이브 종료 확인 팝업창이 뜨면 [다시 보기 영상 저장]에 체크합니다. ❷[예]를 눌러 방송을 종료합니다. ❸저장된 영상은 [지난 라이브 다시보기]에서 확인 가능합니다. 영상을 저장하는 데 몇 분의 시간이 소요될 수 있으며, 저장 가능한 영상 개수에는 제한이 없습니다. 실수로 저장하지 못한 라이브의 다시보기는 복구할 수 없으므로 주의해야 합니다. 만약 상품의 섬네일을 변경했다면 다시보기에도 반영됩니다.

라이브 종료 팝업창,
쇼핑라이브 스튜디오 랜딩화면

03 ❶ 저장된 다시보기 영상을 삭제하고 싶다면 쇼핑라이브 스튜디오 앱에서 [나의 라이브 목록]에 들어갑니다. ❷ 해당 영상의 좌측 상단에 있는 [휴지통]을 터치해 삭제합니다. ❸ 혹은 [시청뷰] 화면을 누르고 ❹ 화면 우측 상단에 나타나는 [더보기⋮]를 터치해 [삭제]를 누릅니다.

[지난 라이브 다시보기] 내 나의 라이브 목록

TIP **라이브커머스가 쉬워지는 실전 꿀팁!**　🔍

라이브 삭제 시 주의사항 및 다시보기 활용

• 라이브가 삭제된 경우에는 쇼핑라이브 노출이 중단됩니다. 삭제된 라이브는 복구가 불가능하니 주의해야 합니다. 다만 네이버의 기타 영역에 바터(기본값)로 노출되고 있는 기획라이브의 경우에는 삭제할 수 없다는 점도 기억해야 합니다.

• [지난 라이브 다시보기]의 영상은 판매자가 해당 라이브를 삭제할 때까지 보존됩니다. 여러 개의 라이브 다시보기를 하나의 상세페이지에 게시할 수도 있습니다. 다시보기를 저장하면 네이버 쇼핑라이브에도 저장 및 노출됩니다. 라이브 시작 전 노출될 카테고리를 설정한 경우, 해당 카테고리에 영상이 노출됩니다. 카테고리를 설정하지 않았을 경우에는 [도전 라이브] 탭에 노출됩니다.

방송 종료된 라이브가 네이버 쇼핑라이브에 노출되지 않을 경우

1. [다시보기] 저장 여부 확인하기

[다시보기] 저장 여부를 확인해야 합니다. 방송 종료 후 [다시보기]에 저장한 내역만 네이버 쇼핑라이브 영역에 노출됩니다. 저장하지 않은 방송은 복구할 수 없으므로 주의해야 합니다.

2. [다시보기]에 저장했으나 네이버 쇼핑라이브에 노출되지 않는 경우

라이브에 연동된 네이버 계정의 메일함에 '운영정책 위반으로 인한 라이브 노출제한' 메일이 오지 않았는지 확인해야 합니다. 노출제한 관련 메일에는 상세 사유와 기타 안내사항이 함께 기재됩니다.

※ 자주 발생하는 미노출 사례 : 배경음악 사용으로 저작권을 위반한 경우, 대표 이미지에 초상권이 위반된 경우, 라이브가 중단되거나 영상이 삭제될 수 있습니다. 대표 이미지에 텍스트가 포함된 경우, [라이브MY]에서만 영상이 노출됩니다. URL을 통한 영상 다시보기는 가능합니다.

3. 그 외 노출이 제한되는 경우

그 외 라이브가 정상적으로 진행되지 않았는지 확인해야 합니다. 다음과 같이 정상적으로 진행되지 않는 라이브의 경우, 라이브와 라이브 다시보기 노출이 제한될 수 있습니다.

• 제품만 배치해두고 아무런 변화나 진행이 없는 경우
• 미리 촬영해둔 라이브를 다른 기기에 틀어놓고 그 기기를 촬영해서 방송을 송출하는 경우
• 홍보&광고 영상을 모니터에 띄워놓고 반복해서 보여주기만 하는 경우
• 리허설 기능을 사용하지 않고 테스트 방송을 송출하는 경우
• 말을 하지 않고 언박싱을 하거나, 제품을 이용하는 모습만 보여주는 경우
• 사람이 등장하지만 라이브 진행을 하지 않고 다른 일을 하는 경우
• 타 스토어 상품을 연동하거나 타인의 계정을 대여해 라이브를 진행할 경우

상품구간 관리

상품구간 관리는 종료된 라이브 방송 중 상품이 소개되는 특정 구간을 설정할 수 있는 기능입니다. 이 기능을 이용해 라이브 다시보기를 노출할 때 상품과 매칭할 수 있습니다. 다시보기를 이용하는 소비자가 해당 방송에서 상품의 정보를 빠르게 찾을 수 있도록 도와줍니다.

01 ❶ [쇼핑라이브 관리툴]-[라이브 관리]-[라이브 목록]에서 구간 관리를 진행할 라이브의 [관리]를 클릭합니다. ❷ 상단의 [상품구간 관리] 탭을 선택합니다.

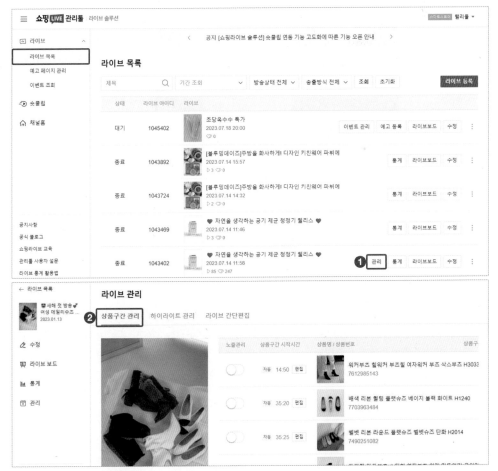

[라이브 관리], [상품구간 관리] 페이지

02 ❶좌측 다시보기 영상에서 각 상품이 소개되는 구간을 찾습니다. ❷[상품구간 시작시간]에 해당 구간의 시작 시점을 '시:분:초'로 입력한 후 ❸[저장]을 클릭합니다. 저장이 완료되면 입력한 텍스트가 파란색으로 변경됩니다.

[상품구간 관리] 페이지

상품구간 자동추출과 수동 설정

패션을 포함한 일부 카테고리의 경우, 상품구간이 자동으로 추출되는 기능을 제공합니다. 판매하는 상품의 이미지가 영상에 등장하면 이를 자동으로 인식해 상품구간을 지정합니다. 이를 '자동추출'이라고 합니다. 특히 텍스트가 포함되지 않은 단색 배경에 상품을 노출할수록 자동추출 확률이 높아집니다. 자동추출된 구간은 다시 편집하거나 신규 구간을 재설정할 수 있습니다.

설정한 상품구간 시작시간을 기준으로 2분여 길이의 클립이 생성됩니다. 상품구간은 상품당 1개만 설정할 수 있으며, 상품은 최대 20개까지 등록할 수 있습니다. 또한 연동된 상품 중 원하는 상품만 상품구간을 설정하는 것도 가능합니다.

라이브 간단편집 기능으로 라이브 영상의 길이를 편집하면 기존에 등록되어 있던 상품구간 정보는 초기화됩니다. 이렇게 초기화된 영상의 경우 자동으로 상품구간이 재추출됩니다. 상품구간을 재설정하고 싶다면 판매자가 다시 수동으로 설정해야 합니다.

설정한 상품구간은 종료된 라이브 다시보기에 표시되며, 상품 상세페이지의 [관련 라이브 다시보기] 영역에 클립으로 노출됩니다. 이를 통해 추가 홍보의 기회로 활용할 수 있습니다.

03 ❶ 각 구간의 [노출관리]를 활성화하면 미리보기 화면에 노출됩니다. 원하지 않을 경우에는 [노출관리]를 비활성화하면 됩니다. ❷ 설정이 완료되면 하단의 [저장]을 클릭합니다.

04 설정한 상품구간 시작시간을 기준으로 2분여 길이의 숏클립이 생성됩니다. 숏클립은 라이브 시간 외에도 해당 상품의 상세페이지 하단에 수시로 노출됩니다.

숏클립 상세페이지 노출화면

하이라이트 관리

하이라이트는 소비자가 다시보기를 할 때 특정 장면으로 이동할 수 있도록 설정하는 기능입니다. 판매자가 직접 하이라이트 장면을 선택할 수 있으며 코멘트를 입력할 수 있습니다. 해당 기능을 활용하면 소비자가 중요한 부분만을 빠르게 시청하는 데 도움을 줄 수 있습니다.

01 ❶ [쇼핑라이브 관리툴]–[라이브 관리]–[라이브 목록]에서 구간관리를 진행할 라이브의 [관리]를 클릭합니다. ❷ 상단의 [하이라이트 관리] 탭을 선택합니다.

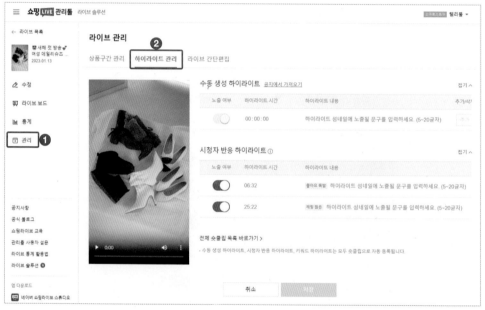

[하이라이트 관리] 페이지

02 ❶ 좌측 다시보기 영상에서 소비자에게 보여주고 싶은 장면의 시작 시점을 찾습니다. ❷ [시간]에 해당 구간의 시작 시점을 '시:분:초'로 입력한 후 ❸ [저장]을 클릭합니다. ❹ [공지에서 가져오기]를 클릭하면 라이브 진행 당시에 공지글을 올린 시점의 구간부터 하이라이트를 추가할 수 있습니다. ❺ 설정이 완료되면 하단의 [저장]을 클릭합니다.

[하이라이트 관리] 페이지, [공지에서 가져오기] 팝업창

03 저장된 하이라이트는 소비자뷰 다시보기 영상 내비게이터에 클립핑됩니다. 해당 클립을 누르면 한번에 하이라이트로 지정한 시점이 재생됩니다. 상품 소개, 제품의 기능이나 사용 가이드, 코디법 등 소비자에게 필요한 핵심 정보를 하이라이트로 세팅해놓으면 좋습니다.

[다시보기] 소비자 뷰

TIP **라이브커머스가 쉬워지는 실전 꿀팁!** 🔍

하이라이트 활용과 영상 노출 전략

- 설정한 하이라이트를 기준으로 자동으로 생성된 숏클립은 네이버 검색결과 중 [동영상 검색]–[쇼핑라이브 하이라이트] 탭에 노출됩니다. 숏클립은 다시보기 외에도 수시로 소비자에게 노출되니 적극적으로 활용해야 합니다.

- 라이브 미리보기의 자동재생 영상은 하이라이트로 설정한 구간의 초반 5초가 반영됩니다. 하이라이트를 설정하지 않았을 경우에는 조회가 가장 높았던 구간이 5초간 재생됩니다. 이외의 경우에는 영상 첫 장면이 5초간 재생됩니다.

- 방송 제목과 하이라이트 제목에 소비자의 검색어가 포함될 때, 하이라이트 제목을 중복 없이 다양하게 사용할 때, 그리고 최근 방송일수록 소비자에게 하이라이트 영상이 더 잘 노출된다는 사실을 기억해야 합니다.

04 ❶ 지정된 하이라이트를 삭제하고 싶다면 [하이라이트 관리] 탭에서 삭제할 하이라이트 우측의 [삭제]를 클릭합니다. ❷ 하단의 [저장]을 클릭한 뒤 ❸ [확인]을 클릭해 삭제하면 됩니다. 하이라이트를 삭제하면 자동 생성된 숏클립도 함께 삭제됩니다.

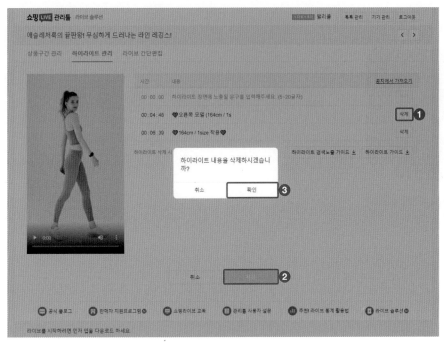

[하이라이트 관리] 페이지

📹 라이브 간단편집 ▶

라이브를 시작하거나 종료할 때, 촬영 현장의 모습이 드러나는 경우가 있습니다. 영상에서 해당 장면을 삭제해야 할 경우에는 [라이브 간단편집] 기능을 통해 간단하게 영상의 시작과 끝부분을 편집할 수 있습니다.

01 ❶[쇼핑라이브 관리툴]–[라이브 관리]–[라이브 목록]에서 편집해야 할 라이브의 [관리]를 클릭합니다. ❷상단의 [라이브 간단편집] 탭을 선택합니다.

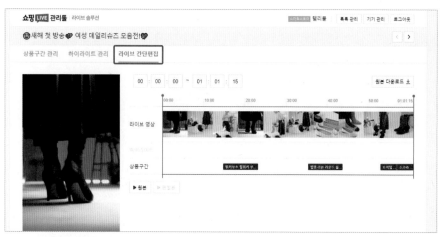

[라이브 간단편집] 페이지

02 ❶좌측 다시보기 영상에서 소비자에게 보여주고 싶은 장면의 구간을 찾습니다. ❷소비자에게 보여주고 싶은 장면의 시작 지점과 끝 지점을 찾아 '시:분:초'를 각각 입력합니다. ❸혹은 영상의 양 끝에 나타나는 파란색 슬라이더 바를 이동해 영상의 시작과 끝부분을 설정할 수 있습니다.

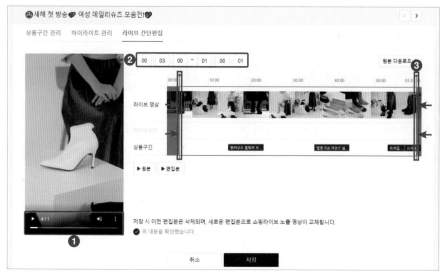

다시보기 영상 구간 편집 예시

03 ❶영상 편집을 마치면 하단의 안내사항을 확인한 후 [위 내용을 확인했습니다.]에 체크합니다. ❷[저장]을 클릭하고 편집을 완료하면 최대 1시간 이내에 영상에 반영됩니다. 편집이 반영되는 1시간 동안은 해당 라이브를 재편집할 수 없습니다.

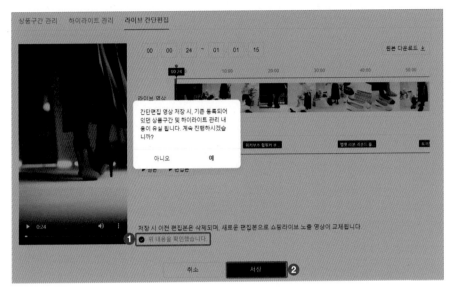

저장 안내 팝업창

04 우측 상단의 [원본 다운로드]를 클릭하면 라이브의 원본 영상을 다운로드할 수 있습니다. 원본 영상은 자체적으로 편집해 마케팅에 활용할 수 있습니다. 필터가 적용되지 않은 원본 영상이기에 일반 카메라로 촬영된 영상으로 보이며, 쇼핑라이브 채팅 내역과 로고 등은 나타나지 않습니다.

[원본 다운로드] 버튼, 원본 영상 예시

라이브 영상 편집과 이용 제한사항

- 영상 중앙에 나타나는 검은색 슬라이더 바를 움직이면 영상이 잘 편집됐는지 빠르게 검토할 수 있습니다. 라이브 영상의 시작과 끝부분의 길이만 조정할 수 있으며 중간 부분은 편집할 수 없습니다. 라이브 영상을 편집해도 원본 영상은 남아 있어 재편집할 수 있습니다.

- 라이브를 편집할 때 삭제되는 부분에 상품구간 또는 하이라이트를 설정해놓은 경우에도 영상이 함께 삭제됩니다. 삭제된 상품구간과 하이라이트는 복구할 수 없으므로 주의해야 합니다. 또한 다시보기 영상의 완성도를 높이기 위해 라이브 영상의 원본을 다운로드한 후 자체 편집한 영상으로 교체하는 것 역시 불가능합니다.

- 원본 영상을 재사용하는 경우, 네이버 쇼핑라이브의 로고와 레이아웃이 화면에 나타나지 않는 범위 내에서만 사용할 수 있습니다. 네이버 쇼핑라이브 로고나 레이아웃이 표시되도록 영상을 사용하고자 할 경우, 영상 링크를 공유하는 방식만을 사용해야 합니다. 2차 편집 및 외부 활용으로 발생한 이슈의 모든 책임은 브랜드사에 귀속되므로 주의해야 합니다. 또한 원본 영상을 사용할 경우에도 라이브에 노출되는 소재 저작권과 출연자의 초상권 제공 동의를 받아야만 문제 없이 사용할 수 있습니다.

📹 숏클립 등록 및 관리

임팩트 있게 편집한 2분 이하의 영상에 상품 메리트를 더해서 쇼핑라이브 전후 활용할 수 있는 숏클립을 등록할 수 있습니다.

01 ❶[쇼핑라이브 관리툴]-[숏클립] 탭을 선택합니다. ❷숏클립 목록 위의 [숏클립 등록]을 클릭합니다.

[숏클립] 페이지

02 숏클립 타이틀과 설명을 입력하고 영상을 등록합니다. 관련 라이브와 소개할 상품을 등록하고 알림 발송 여부와 공개 여부를 체크합니다.

숏클립 등록

① 숏클립 타이틀*   ❤ 여성 데일리슈즈 모음!❤   17/24

② 숏클립 설명   어느 코디나 편안하게 잘 어울리는 #데일리슈즈
#여성스니커즈 형태의 단화 베스트5 추천
                                          48/150

③ 숏클립 영상 등록*   - 최대 용량: 17GB
- 영상 시간: 5초 이상 2분 이내
- 지원 확장자: mp4, avi, mov, mpg, mpeg, asf, swf, wmv, skm, k3g, webm, mkv, flv, 3gpp, mtv
가로로 촬영된 영상과 1:1 비율 영상은 등록 불가하며,
세로로 촬영된 영상을 첨부해 주세요.
숏클립 속 음악, 영상저작권, 초상권을 위반하는
내용이 포함된 경우 숏클립 노출 및 송출권한이
제한될 수 있습니다.

④ 노출 일/시 설정*   2023.01.13   22   00

⑤ 관련 라이브   821194   라이브 불러오기
🌙새해 첫 방송❤ 여성 데일리슈즈 모음전!❤   삭제
2023.01.13 12:59

⑥ 숏클립에 소개할 상품*(2/30)   [상품검색]   [상품URL]   [상품코드]
🔍 로그인한 스토어의 상품명을 검색하세요 (상품 최대 30개 등록 가능)

1   https://smartstore.naver.com/main/products/7490251082   ∨
벨벳 리본 라운드 플랫슈즈 벨벳
슈즈 단화 H2014   [대표상품 설정]   [삭제]
28,400원

2   https://smartstore.naver.com/main/products/7744479360   ∧
토끼털 미들부츠 스티치 여자부츠
워커 미들워커 겨울워커 H1245   [대표상품 설정]   [삭제]
40,500원

⑦ 알림 발송 여부*   [발송함]   [발송안함]
노출시간 +3분 후 알림이 발송됩니다.
단, 숏클립 알림 발송은 채널당 1일 1회로 제한됩니다.
이미 동일일자에 숏클립알림 발송 되었다면, 알림 설정할 수 없습니다.

⑧ 공개 여부*   [공개 ∨]
공개로 설정했더라도 운영정책에 어긋날 경우 미노출 처리될 수 있으며, 비공개 상태에서 노출일/시를 설
정하더라도 비공개 상태는 유지됩니다. 또한 자동 생성된 숏클립의 경우, 공개 여부 설정이 불가하며 라이
브 목록에 노출되는 관리 버튼을 통해 미노출할 수 있습니다. (상품구간 관리 > 노출 OFF / 하이라이트 관
리 > 삭제)

⑨ 숏클립 등록 안내 동의*
숏클립 등록 시 시스템 사정에 따라 일정 시간(최대 3분) 등록이 지연될 수 있습니다.
반드시 등록 지연 가능성을 고려하여 숏클립을 통한 판매활동 진행 부탁드리며, 등록 지연으로 인한 손해
가 발생하더라도 네이버는 일체의 책임을 지지 않습니다.
❤ 위 내용을 확인했습니다.

[취소]   **[등록]**

[숏클립] 등록 페이지

❶ 숏클립 타이틀 | 영상의 주제를 반영하는 동시에 검색량이 높은 키워드의 조합으로 작성합니다.

❷ 숏클립 설명 | 상품 스펙, 사용법, 고객혜택 등 고객의 궁금증을 해결할 수 있는 내용으로 서술합니다.

❸ 숏클립 영상 등록 | 5초 이상 2분 이하의 세로 영상만 등록할 수 있습니다.

❹ 노출 일/시 설정 | 해당 클립의 공개 시점을 날짜와 시간으로 지정합니다.

❺ 관련 라이브 | 해당 클립의 상품을 다룬 라이브를 불러옵니다. 단, 씨앗 등급의 경우 필수적으로 등록하지 않아도 됩니다.

❻ 숏클립에 소개할 상품 | 해당 클립에서 소개하는 상품을 지정합니다.

❼ 알림 발송 여부 | 알림받기에 동의한 고객에게 알림을 발송할지 여부를 정합니다.

❽ 공개 여부 | 숏클립 노출 여부를 정합니다. 비공개 상태에서는 노출일과 시간을 설정하더라도 비공개 상태가 유지됩니다.

❾ 숏클립 등록 안내 동의 | 숏클립 등록과 관련된 안내사항을 확인한 뒤, [동의]에 체크합니다.

03 ❶등록된 숏클립의 노출 여부는 [숏클립 목록]에서 확인할 수 있습니다. ❷숏클립을 삭제해야 할 경우에는 삭제할 숏클립의 우측 [더보기⋮]를 클릭한 후 [삭제]를 선택합니다. ❸수정을 원할 경우 숏클립 목록에서 [수정]을 클릭하면 언제든 수정할 수 있습니다.

[숏클립 목록] 페이지

쇼핑라이브
숏클립 제작 패키지 이용하기

전문적인 숏클립 제작과 홍보가 필요하다면 네이버 쇼핑라이브에서 직접 진행하는 [숏클립 제작 패키지(유료)]를 이용할 수 있습니다. 숏클립 제작 패키지는 네이버 쇼핑라이브에서 진행된 라이브 방송을 2분 이하의 숏클립으로 만들어주는 제작 대행 서비스입니다.

편집 작업은 숏클립 챌린지 '숏챌'을 통해 선정된 5인(지속적으로 추가 예정)의 숏클리버가 담당합니다. 이렇게 제작된 숏클립은 쇼핑라이브로 공개돼 더 많은 구매를 유도합니다.

숏클립 제작대행 콘텐츠 예시, 네이버show핑라이브 노출 예시

특히 검증된 숏클리버가 전담으로 콘텐츠를 제작하는 것뿐만 아니라 이외에도 다양한 베네핏을 얻을 수 있습니다. 브랜드사, 숏클리버, 네이버show핑라이브(구독자 37만) 채널에 동시에 업로드가 되어 홍보 효과를 얻을 수 있으며, 알림까지 발송됩니다. 숏클리버로부터 숏클립 파일을 직접 전달 받아 SNS나 상품 상세페이지 등 2차로 활용할 수 있습니다. 또한 네이버 쇼핑라이브 메인의 기획전 영역에서 추가적인 노출 기회를 얻을 수 있습니다.

- 가격 : 숏클립 1건당 10만 원~50만 원
- 신청 방법 : [쇼핑라이브 관리툴]−[공지사항]−[신청서 작성하기]를 통해 신청

통계를 확인해야 하는 이유 ▶

라이브 방송이 종료된 후에는 소비자 수와 유입 수, 구매 성과를 데이터로 확인하고, 잘된 점과 아쉬웠던 점을 피드백할 수 있습니다. 이를 바탕으로 다음 라이브를 위한 계획과 전략을 수립합니다.

전체 라이브 통계

[쇼핑라이브 관리툴]의 [라이브 통계]를 통해 누적 라이브 수, 전체 시청 수 등의 데이터를 기반으로 라이브 방송 결과를 피드백합니다. 이전 방송에 비해 얼마나 성과를 냈는지 비교하고 판단할 수 있습니다.

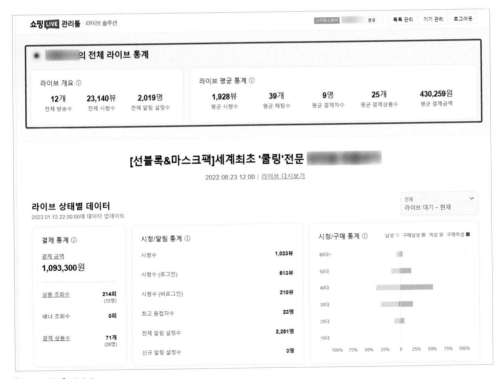

[라이브 통계] 페이지

라이브 상태별 데이터

[라이브 상태별 데이터]에서는 라이브 전, 라이브 중, 라이브 이후로 기간을 나눠 성과를 리포팅합니다. 라이브 사전 홍보가 얼마나 효과적이었는지, 성과는 있었는지, 다시보기는 얼마나 공헌하고 있는지 각각 평가할 수 있습니다. 또한 상품 조회수, 결제자 수, 결제 상품 수를 확인할 수 있기 때문에 조회수와 비교했을 때 얼마나 많은 결제가 이루어졌는지를 평가할 수 있습니다. 이로써 다음 라이브 상품의 노출전략과 상품가격 및 구성 등의 기획 아이디어를 얻을 수 있습니다.

라이브 상태별 데이터
2023.01.13 22:00:00에 데이터 업데이트

결제 통계 ⓘ		시청/알림 통계 ⓘ	
결제 금액		시청수	1,023뷰
1,093,300원		시청수 (로그인)	813뷰
상품 조회수	214회 (72명)	시청수 (비로그인)	210뷰
배너 조회수	0회	최고 동접자수	23명
결제 상품수	71개 (20명)	전체 알림 설정수	2,251명
		신규 알림 설정수	3명

[라이브 상태별 데이터] 예시

시청/알림 통계

시청 수는 로그인/비로그인으로 나누어 집계됩니다. 비로그인 시청 수는 로그인하지 않은 쇼핑라이브(앱) 시청자와 파트너사 등에 동시 노출된 라이브 시청 수를 모두 합산한 것으로, 구매전환율을 높이기 위해서는 지속적으로 로그인 시청 수의 비율을 높여야 합니다.

또한, 쇼핑라이브 전체 유입의 가장 많은 비중을 차지하는 것 중 하나가 '알림'입니다. 알림 통계를 통해 방송의 신규 알림설정 수를 확인할 수 있고, 이로써 매출 외의 성과를 알 수 있습니다.

시청/구매 통계 데모그라피

시청/구매 통계 데모그라피는 성별, 연령별 소비자 대비 구매자 수의 비율을 보여주는 그래프입니다. 우리의 라이브가 어떤 타깃에게 유의미한 영향을 미쳤는지 확인할 수 있습니다. 다음 라이브에서 타깃에 맞는 상품 구성과 라이브를 기획하는 데 기준으로 삼을 수도 있습니다.

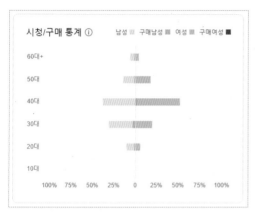

[시청/구매 통계] 데모그라피 화면

라이브 유입경로

라이브 전, 라이브 중, 라이브 이후로 기간을 나눠 유입경로별 데이터를 확인할 수 있습니다. 뷰수를 포함해 로그인, 비로그인 소비자 수, 알림설정한 소비자 수 등을 각각 확인할 수 있어 노출 채널마다 효율성을 체크할 수 있습니다.

우측 상단의 [전체보기]를 클릭하면 유입경로의 세세한 분류까지 확인할 수 있습니다. 이를 통해 어떤 채널에 홍보를 집중해야 하는지 알 수 있습니다. 또한 유튜브와 같이 네이버에 정의되지 않는 유입채널의 경우에도 간단한 파라미터 값을 추가하면 해당 유입경로의 유입량 성과를 측정할 수 있습니다.

TIP 따라 해보세요! 🔍

- 파라미터 값으로 유입량 측정하기 – 182p

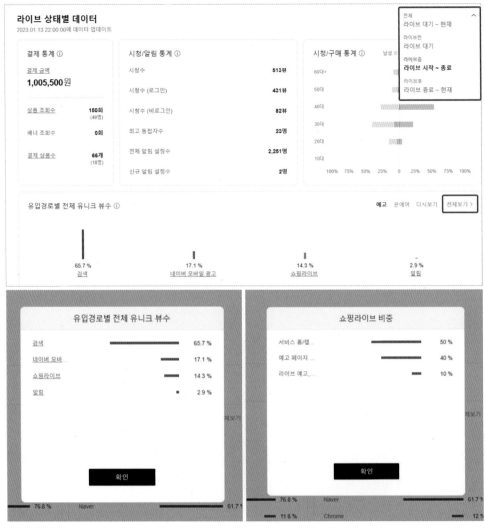

라이브 유입경로

라이브 사용자 데이터

성공적인 라이브 진행을 위해서는 사용자의 참여와 판매자의 반응 유도가 중요합니다. [라이브 사용자 데이터]를 통해 채팅, 좋아요, 상품찜과 같은 사용자 액션 데이터를 분석함으로써 라이브 참여도를 지속적으로 체크해야 합니다. 만약 상품찜 수가 평균 이하였다면 대표 상품을 변경하거나 상품 혜택을 수정하는 식으로 전략을 세울 수 있습니다.

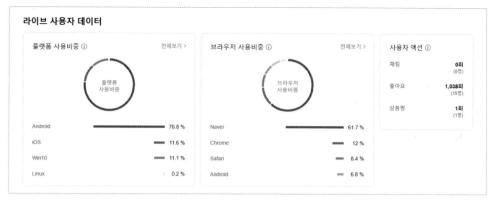

[라이브 사용자 데이터] 화면

라이브 온에어 데이터

[라이브 온에어 데이터]에서는 1분 단위로 라이브 도중 신규유입, 동시접속, 결제건 수, 상품 조회, 체류시간이 그래프로 제공됩니다. 성별, 연령별 필터를 사용하면 메인 타깃 고객층의 활동 현황을 세부적으로 체크할 수 있습니다. 특히 어떤 방송 구간에서 어떤 소비자에게 좋은 반응을 얻었는지 확인할 수 있어 이후 라이브에서도 활용 전략을 세워볼 수 있습니다.

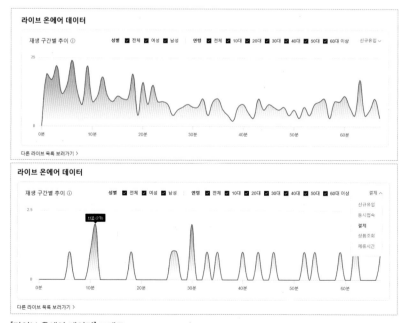

[라이브 온에어 데이터] 그래프

✓ 찾아보기

찾아보기